Tibor Zelikovics
AUFSTIEG

Tibor Zelikovics

AUFSTIEG

DIE GEBURT EINER
NEUEN MENSCHHEIT

Epigenetik, Morphische Resonanz
und das Christus-Mysterium

freya

Layout: freya_art
Cover: Daniela Waser
Lektorat: Mag. Dorothea Forster
ISBN: 978-3-99025-120-1
printed in EU

Inhalt

Einleitung

„Zu den Anfängen unserer Zivilisationsepoche erfreuten sich die Menschen des Umgangs mit und der Unterweisung durch jene, die sich in einem weiter fortgeschrittenen und moralisch höheren Entwicklungsstadium befanden.

Die Unterweisung ist ein erstaunliches Geheimnis, das über Jahrtausende durch einige okkulte Traditionen und Geheimlehren überliefert worden ist. Es lautet: Der Mensch muss nicht sterben; es gibt eine Alternative zum Prozess des Todes. Er kann den Solar-Lichtkörper erlangen, der unsterblich ist und keine physische Nahrung braucht.“

Kenneth Demarest [1]

Das Wörterbuch definiert „Aufstieg" (engl.: „ascension" vom Mittelenglischen ascencioun aus dem Lateinischen ascendere abgeleitet) als ein Nomen des Handelns mit der Bedeutung „zu besteigen, klettern, emporsteigen". Einige Synonyme im modernen Sprachgebrauch sind auch „schweben, sich erheben, hochkommen".

In dem spirituellen oder mystischen Kontext bezeichnet Aufstieg im Allgemeinen das Konzept des Eintrittes in den Himmel oder in eine höhere Dimension des Seins, ohne zunächst das Phänomen des Todes erlebt zu haben. Es ist ein Glaube, der von verschiedenen Religionen und Traditionen gepflegt wird. Manchmal wird der Ausdruck „Himmelsaufstieg" verwendet.

Da der Tod allgemein als das normale Ende des Lebens auf der Erde betrachtet wird, ist der Aufstieg in diesem Sinne eine seltene Ausnahme und wird in der Regel als ein Zeichen von Gottes besonderer Anerkennung der individuellen Frömmigkeit angesehen. Zeitweise wird allerdings auch von dem Aufstieg der Erde selbst – samt ihren Bewohnern – gesprochen.

Damit das Konzept des spirituellen Aufstiegs wirklich Sinn macht und um zu verstehen, welche Relevanz es für unser Leben hat, müssen wir es aus einer universellen Perspektive betrachten. Die spirituelle Sicht der Dinge erklärt uns, dass alles im Universum im Einklang mit dem „Zweck" des Universums existiert. Alle Dinge haben eine Daseinsberechtigung, eine Bedeutung im Hinblick auf das „Grand Design" – den Großen Universellen Plan oder Entwurf. Aber was ist dieses „Grand Design"?

Kapitel 1
Die Grundlagen

„In der Welt der Physik wird das Drama des alltäglichen Lebens zum Schattenspiel. Der Schatten meines Ellbogens ruht auf dem Schattentisch, während die Schattentinte über das Schattenpapier fließt.

Alles ist symbolisch. Dann aber kommt der Alchimist Geist, der die Symbole deutet ...

Um die Schlussfolgerung drastisch auszudrücken: der Stoff, aus dem die Welt besteht, ist Geiststoff." [1]

Sir Arthur Stanley Eddington
britischer Astrophysiker, 1882–1944

So wie das Gottesbild eines Kindes sich entwickelt, wenn es erwachsen wird, ändert die Menschheit als Ganzes ihr Bild von Gott. Vor allem sind es die wissenschaftlichen Entwicklungen, die wesentliche Wandlungen im religiösen Weltbild hervorrufen.

Wir brauchen als Beispiele nur an die Entdeckung, dass die Erde rund ist, zu denken; dass sie sich um die Sonne dreht und nicht umgekehrt; an Darwins Evolutionstheorie sowie an die Erkenntnisse der modernen Physik, die uns die scheinbare Festigkeit der Materie als Illusion offenbart hat.

Das Gottesbild eines Kindes ist in der Regel anthropomorphisch, das heißt, von menschlichen Eigenschaften geprägt. Kinder stellen sich Gott meistens als eine Person vor – in der Regel als alten Mann mit Bart oder als wohlwollende, zeitweise auch als strafende Vater- oder Mutter-Projektion. Wenn das Kind beginnt, erwachsen zu werden, erkennt es, dass seine primitiven Vorstellungen illusorisch waren. Die meisten Menschen neigen dann zum Atheismus. Sie ziehen den Schluss, weil es den Gott, den sie sich vorgestellt haben, nicht geben kann, gibt es überhaupt keinen Gott.

Bedauerlicherweise bleiben sehr viele – auch intelligente und gebildete Menschen – in dieser Phase stecken und versäumen den weiteren Schritt, nach welchem sie erkennen würden, dass ihre infantilen Gottesvorstellungen höchstens plumpe Gleichnisse für abstrakte Prinzipien und universelle Gesetzmäßigkeiten waren.

Wie tief das anthropomorphische Gottesbild das Denken auch moderner Menschen immer noch prägt, zeigt sich durch die oft gestellten Fragen wie: „Wenn es Gott gibt, warum lässt er so viel Leid und Ungerechtigkeit zu?" oder im Falle einer Tragödie oder eines Verlustes: „Warum hat Gott mir den geliebten Menschen genommen?"

Dass wir kindlichen Gottesvorstellungen auch beim Erwachsenen begegnen, ist wohl darauf zurückzuführen, dass die Aufmerksamkeit der meisten Menschen von den Anforderungen des Broterwerbs und den Problemen des täglichen Lebens sowie diverser Amüsements und Ablenkungen dermaßen in Anspruch genommen wird, dass sie bei ihrer Nachdenkarbeit über das Thema ‚Sinn des Lebens aus der kindlichen Phase gar nicht herauskommen.

Wenn man hingegen die Gottesbeschreibungen von Philosophen und Mystikern aller Religionen liest, die ihr ganzes Leben und ihre volle Aufmerksamkeit den Fragen um Gott und die Welt widmeten, begegnet man weitaus vernünftigeren Vorstellungen. Werden diese Konzepte durch die Erkenntnisse der modernen Wissenschaft ergänzt, erhalten wir Erklärungen, die einleuchtend und wesentlich befriedigender sind als die Ausreden, die die exoterischen Religionen normalerweise parat haben.

Die neuesten wissenschaftlichen Erkenntnisse in relevanten Bereichen der Physik, Biologie und Kosmologie erlauben uns, die Kerninhalte der Religionen in einem neuen Licht zu sehen, und erschließen uns eine Sichtweise, die die Trennung zwischen Wissenschaft und Religion verschwinden lässt.

Als hervorstechende Beispiele für diese Entwicklung können die bereits vor über 30 Jahren erschienenen Publikationen renommierter Physiker angeführt werden, die auf die auffallenden Übereinstimmungen zwischen den Erkenntnissen der Quantenphysik und den Aussagen der alten Veden und anderer religiöser Schriften aufmerksam machten. [2]

Kosmologie und die Beschaffenheit des Universums

„Die Himmel erzählen die Ehre Gottes;
und die Ausdehnung verkündigt seiner Hände Werk."
Psalmen Davids 19, 1

Während in der Vergangenheit die Fragen nach der Beschaffenheit und dem Ursprung des Universums nur intuitiv beantwortet werden konnten und die diversen einschlägigen Erklärungen mehr oder weniger als Sachen des Glaubens akzeptiert werden mussten, stehen uns heute technische Mittel zur Verfügung, die es auch unserer Logik und unserem Intellekt zunehmend ermöglichen, an der Lösung dieses Mysteriums teilzuhaben.

Die technischen Werkzeuge der Astronomie, die heute im Einsatz sind – wie relativ bescheiden sie auch sein mögen –, haben uns doch schon erlaubt, bestimmte kosmologische Theorien über den Aufbau und den möglichen Ursprung des Universums zu formulieren. Die beliebteste unter diesen ist die „*Big Bang*"– (dt. „Urknall") Theorie. Aufgrund der Beobachtung des Phänomens eines scheinbar expandierenden Universums haben Wissenschaftler postuliert, dass alle Materie (in Wirklichkeit Energie) früher einmal in einer unendlich dichten Singularität konzentriert gewesen sein müsste, die aus irgendeinem Grund einfach explodierte. Deshalb die Bezeichnung: „*Big Bang*" = Großer Knall.

Bei der weiteren Beobachtung ist Wissenschaftlern außerdem aufgefallen, dass Materie die inhärente Tendenz, sich zu verdichten, besitzt. Die Schwerkraft scheint eine Eigenschaft aller Materie zu sein, wodurch sämtliche Teilchen im Universum sich gegenseitig anziehen. Dies erklärt die Bildung von Planeten, Sternen, Schwarzen Löchern, Galaxien – kurzum aller Himmelskörper – und lässt immer massereichere Objekte entstehen, die wiederum immer mächtigere Gravitationswellen aussenden und noch mehr Materie an sich ziehen.

Aus dieser Beobachtung wurde abgeleitet, dass dieser Sachverhalt mit der Zeit nochmals zur Bildung einer unendlich dichten Singularität führen könnte, ähnlich wie jene, die, wie man glaubt, zum Zeitpunkt des Urknalls existiert hat. Diese Theorie wird als der „*Big Crunch*" (großes Schrumpfen/Zusammenquetschen) bezeichnet.

Es können somit immer mehr Astrophysiker nicht umhin, zu der logischen Schlussfolgerung zu gelangen, dass wir es bei unserem Universum mit einem kosmischen „*Perpetuum mobile*" zu tun haben – ein endloser und anfangsloser, sich ständig wiederholender Prozess der Ausdehnung und Kontraktion, Auflösung und Wiedervereinigung –, angetrieben von vollkommen ausgewogenen, entgegengesetzten Naturgewalten. Es gibt eine Aussage aus den alten indischen Veden, die dies auszudrücken scheint: *„Das Universum ist das Ein- und Ausatmen von Brahman."*

Dies übrigens steht mit einem der grundlegendsten Gesetze der Natur im Einklang, welches von Sir Isaac Newton beschrieben wurde und als sein drittes Gesetz der Bewegung, das Wechselwirkungs- oder Reaktionsprinzip, bekannt ist, wonach:

„… alle Kräfte der Natur immer paarweise auftreten [und] *zu jeder Aktion es immer eine gleich starke, und entgegengesetzte Reaktion gibt."* [3]

Der „Tanz des Shiva"

Während Astrophysiker einerseits die Auswirkungen der sich gegenseitig anziehenden Kräfte aller Materie beobachten können – mittlerweile wurde beispielsweise erkannt, dass alle Galaxien durch ein Schwarzes Loch in ihren Zentren zusammengehalten und konstant verdichtet werden und dass auch Galaxien sich gegenseitig anziehen – scheinen andere Beobachtungen der These des wieder in sich zusammenfallenden Universums zu widersprechen.

Mehrere Messungen haben nämlich ergeben, dass sich die Himmelskörper und Galaxienhaufen an dem von uns wahrnehmbaren Rand des Universums immer schneller von uns entfernen. Dieses Phänomen lässt sich allerdings sehr leicht erklären, indem wir die Möglichkeit, dass der „Urknall" kein Ausnahmefall ist, in Betracht ziehen.

Das Universum ist unendlich groß. Es gibt keinen Grund, warum die gleichen Prozesse nicht ständig – in abgelegenen Regionen des Weltraums und zu allen Zeiten – auftreten sollten. Eine sogenannte

Singularität wie vor dem Urknall formiert sich, wenn sich genügend Masse ausreichend verdichtet, um einen kritischen Punkt zu erreichen, wodurch eine Explosion zustande kommt. Wir sehen einen ähnlichen Prozess auf kleinem Maßstab bei der Bildung von Sternen. Kosmische Staubpartikel ziehen sich gegenseitig an, bis sie eine kritische Masse und Dichte erreichen, wodurch sie sich spontan entzünden und somit zu einem Stern werden. Nach Milliarden von Jahren ist sein nukleares Material verbraucht und der Stern explodiert wieder.

Massereichere Sterne kollabieren allerdings allmählich und bilden Schwarze Löcher. Diese wiederum ziehen immer mehr Materie sowie auch Sterne zu sich und bilden Galaxien, die sich gegenseitig ebenfalls anziehen, sodass Galaxienhaufen entstehen. Galaxienhaufen ziehen sich wiederum ebenfalls gegenseitig an und verdichten sich mehr und mehr. Schlussendlich – nach einem unvorstellbar langen Zeitraum – entsteht eine extrem massereiche „Singularität", die dann explodiert.

Es ist zudem nicht nur vorstellbar, sondern sogar sehr wahrscheinlich, dass mehrere extrem massereiche „Singularitäten" (wie vor dem *„Big Bang"*) sich am Rande des von uns wahrnehmbaren Universums bereits gebildet haben, die die außenliegenden Galaxienhaufen anziehen – wodurch der Anschein einer beschleunigten Ausdehnung entsteht. (Ich schreibe „Singularität" in Anführungsstriche, weil es eigentlich ein Widerspruch ist, von mehreren „Singularitäten" zu sprechen, da das Wort „Einzigartigkeit" impliziert.)

Der Physiker Fritjof Capra verglich den endlos pulsierenden Rhythmus des Universums mit dem in den vedischen Schriften beschriebenen „Tanz des Shiva".

Es ist natürlich durchaus möglich, dass sich alle extrem massereichen „Schwerkraftzentren", da sie sich konstant anziehen, später zu einer echten „Singularität" verdichten. Inzwischen können sie in unschätzbar großer Anzahl im unendlichen Weltraum immer wieder entstehen, explodieren, sich wieder verdichten und somit einen endlos pulsierenden Rhythmus des Universums ergeben, den der Physiker Fritjof Capra mit dem in den vedischen Schriften beschriebenen „Tanz des Shiva" vergleicht. [4]

Weitere kosmologische Theorien werden ständig aufgestellt – manche beziehen beispielsweise die Entdeckung der sogenannten Dunklen Energie und der Dunklen Materie mit ein –, aber auch diese jüngeren Entdeckungen werden letztendlich den zyklischen Erneuerungsprozess des Universums bestätigen.

Der Ursprung des Lebens

„... Es wurden Aminosäuren in Meteoriten gefunden, die Signaturen anzeigen, die auf eine interstellare Verbindung hindeuten.

Diese Verbindung, kombiniert mit unserer Entdeckung, dass Aminosäuren in interstellaren Wolken entstehen können, legt die Vermutung nahe, dass die Erde mit Aminosäuren aus dem All gesät wurde in den ersten Tagen seiner Existenz." [5]

Dr. Scott Sandford
NASA Ames Research Center

Einige bedeutende wissenschaftliche Erkenntnisse, die einleuchtende Antworten auf die Frage nach dem Ursprung des Lebens bieten, kommen aus dem Bereich der Kosmobiologie. Es wurde beispielsweise erkannt, dass mehrere Himmelskörper selbst in unserem Sonnensystem die physischen Voraussetzungen aufweisen, die für die Entstehung bzw. Erhaltung von Leben als notwendig betrachtet werden – nämlich Wärme (erzeugt z. B. von vulkanischer Aktivität oder eine durch planetarische Schwerkraft verursachte geologische Reibung) und Wasser. Es wurde weiter postuliert, dass einfache Lebensformen überall im Universum spontan entstehen können, wenn die notwendigen Voraussetzungen anzutreffen sind.

Diese Betrachtung ist revolutionär, da sie die Erkenntnis beinhaltet, dass Leben im ganzen Universum latent vorhanden ist. Sporen von Aminosäuren, den Grundbausteinen des Lebens, werden überall im Raum erzeugt. Das Universum selbst kann in Wirklichkeit sogar als eine Lebensform betrachtet werden.

Die Erkenntnis, dass die Keime des Lebens im ganzen Universum vorhanden sind, deckt sich natürlich mit den mystischen Betrachtungsweisen, die Gott als lebendig und mit dem Universum identisch beschreiben. Dieses Weltbild wird *Pantheismus* genannt, was wortwörtlich heißt: Alles ist Gott. Aber unabhängig von jeglicher Gottesvorstellung, muss ein aufgeschlossener, ehrlicher und halbwegs vernünftiger Mensch beim Betrachten des Universums erkennen, dass es irgendeine Kraft gibt, welche Leben offensichtlich hervorruft und aufrechterhält.

Weiterhin sind eine klare Ordnung und Gesetzmäßigkeit feststellbar, die unsere Realität durchdringen und beherrschen. Ausgestattet zudem mit den fortschrittlichsten wissenschaftlichen Informationen, würde der Betrachter demnach „Gott" möglicherweise als die Energie und Lebenskraft des Universums beschreiben, die sich in einer voraussagbaren, geordneten Weise zu verhalten scheint, gemäß konstanten, universell vorhandenen und anwendbaren Gesetzen und Prinzipien der Natur.

Die „Innere Ordnung" des Universums

Obwohl das Universum Chaos schaffen kann (wie etwa durch den *Big Bang*), ist es nie chaotisch. Eine „innere Ordnung" [*intrinsic order*], wie der Physiker David Bohm es nannte, ist immer vorhanden.[6] Dies kann sehr leicht durch ein Kartenspiel veranschaulicht werden. Ein Deck besteht im Allgemeinen aus 52 Karten mit vier Farben zu jeweils 13 Karten vom Ass bis zum König. Wir können die Karten nun mischen, sodass sie in einen zufälligen (chaotischen) Zustand gelangen, aber eine innere Ordnung wird trotzdem vorhanden sein. Es gibt immer noch vier Farben zu jeweils 13 Karten vom Ass bis zum König.

Eigentlich sind alle Kartenspiele bloß Variationen des gleichen Grundthemas: die Schaffung von Ordnung aus dem Chaos. Die Art von Ordnung, die geschaffen werden soll, wird durch die Regeln des jeweiligen Spiels bestimmt – Poker, Rommé, Bridge etc. Das Interessante an dieser Darstellung ist die Erkenntnis, dass die wesentlichste Komponente aller Spiele abstrakt ist. Spiele existieren nur im Kopf. Es gibt selbstverständlich physikalische Komponenten: die Karten, den Tisch, die Stühle, die Spieler ... Aber die Regeln des Spiels sind abstrakt. Darüber hinaus ist die intrinsische Ordnung im Kartenstapel nur von Bedeutung, weil wir sie als solche erkennen. Diese Grundsituation ist übrigens bei allen Spielen vorhanden.

Ein weiteres Beispiel, welches das Zusammenspiel von Chaos und Ordnung illustriert, ist die Wirkung eines Magneten auf Eisenspä-

Der Physiker David J. Bohm (1917–1992) erkannte, dass dem Universum eine alles durchdringende, inhärente Ordnung innewohnt.

ne. Man kann sagen, dass der Ausgangszustand der Eisenspäne chaotisch ist. Sobald die Späne in die Reichweite des magnetischen Feldes gelangen, übernehmen sie das Muster des Feldes. Das Magnetfeld in diesem Beispiel ist wie die innere Ordnung des Universums. Die Eisenspäne besitzen allerdings auch eine Art innere Ordnung: ihre molekulare Struktur und ihre Tendenz, auf Magnetismus zu reagieren.

Wir können bei der Dynamik des Universums das gleiche Prinzip beobachten. Der „Urknall" schafft Zufall, Chaos. Die innere Ordnung des Universums bewirkt, dass die zufällig angeordneten Partikel auf eine geordnete Weise zusammenfallen, sodass sie Formen schaffen: Planeten, Sterne, Galaxien, Elemente, Moleküle etc. und sogar Leben. Das Universum, in seinem zusammenführenden oder vereinigenden Aspekt, schafft also immer höhere Manifestationen von Ordnung, deren höchste Formen wir als Leben und Bewusstsein erfahren.

Der Ursprung des Universums

Im Anfang war das Wort (Logos),
und das Wort war bei Gott, und Gott war das Wort.
Johannes-Evangelium 1, 1

„Das Universum ist ein Gedanke Gottes."
Friedrich Schiller
[auch altgriechischen und vedischen Quellen zugeschrieben]

Die obigen Überlegungen geben uns natürlich noch keine Antwort auf die grundlegendste Frage, woher das Universum mit seiner allgegenwärtigen inneren Ordnung kam oder warum es existiert – oder noch direkter, warum überhaupt etwas existiert. Warum gibt es eigentlich so etwas wie Existenz? Warum gibt es nicht einfach das Nichts – zeitloses, unendliches Nichts?

Zu postulieren, dass ein Höheres Wesen irgendeiner Art die Realität aus irgendeinem Grund geschaffen hat, beantwortet die Frage nicht, sondern „verschiebt" sie bloß. Weil es die nächste nicht beantwortbare Frage unweigerlich heraufbeschwört: Wo kommt dieses angebliche Höhere Wesen her? Wie ist es entstanden?

Die weitaus einfachere Beschreibung der Dinge, die sich am ehesten in Harmonie mit den beobachtbaren Tatsachen befindet, scheint also immer noch die pantheistische zu sein. Alles ist Geist (engl. mind) und das Universum ist die Summe der Gedanken oder Gedankenformen in diesem Geist, der sich als ein dualistischer Prozess des dynamischen Gleichgewichts manifestiert, angetrieben von logisch konzipierten Kräften der Natur.

Kurz zusammengefasst:
Das Universum wurde nicht von einem Höheren Wesen erschaffen, das Universum **ist** das Höhere Wesen.

Die Fragen, woher Es kam und warum Es existiert, sind aller Wahrscheinlichkeit nach einfach nicht zu beantworten und wir sollten diese Tatsache am besten akzeptieren und damit leben – ebenso wie auch die diversen Theologien als Erklärung für den Ursprung des angeblich externen Höchsten Wesens behaupten: Wir werden nie wissen können, woher Es kam; Es war immer da – ohne Anfang, ohne Ende.

Ein einfacher logischer Beweis, warum sogar „Gott" oder das „Höchste Wesen" oder der „Universelle Geist" vermutlich auch keine Antwort auf die Frage zum Ursprung seiner eigenen Existenz wissen kann, ist der folgende:

Gott erschafft durch Vorstellungskraft. [Wir verwenden hier die Ausdrücke „Gott" und „Er" der Einfachheit halber.] Sobald Gott sich etwas vorstellt, ist es schon. Um darüber nachzudenken, warum Er existiert, muss Gott die Möglichkeit seiner Nicht-Existenz in Erwägung ziehen. Er muss sich seine eigene Nicht-Existenz vorstellen. (Indem wir die Frage stellen, warum es Licht gibt, stellen wir uns unweigerlich auch die Möglichkeit des Fehlens von Licht vor.) Nun, da Gott durch seine Vorstellung unmittelbar erschafft, hört Er auf zu existieren, sobald Er sich seine eigene Nicht-Existenz vorstellt. Er würde sogar niemals existiert haben. Das logische Dilemma ist offensichtlich.

Es ist „Gott" also nicht möglich, sich seine eigene Nicht-Existenz vorzustellen. Er kann daher auch nur wissen, dass Er immer existierte – nicht aber, warum Er da ist oder woher Er kam.

Nun, das ist mehr als ein bloßes intellektuelles Gesellschaftsspiel. Die Tatsache ist, dass es bewussten, intelligenten Wesen (wie wir Menschen es angeblich sind – sogar, wie es uns erzählt wird, „nach dem Bilde Gottes erschaffen") wirklich unmöglich ist, sich ihre eigene Nicht-Existenz vorzustellen.

Ich kann mir das „Nichts" vorstellen: absolute Dunkelheit, kein Ton, keine Sinneseindrücke, keinerlei Geschehnisse oder Aktivitäten gleich welcher Art, kein Oben, kein Unten ... – das absolute Nichts.

Aber Augenblick mal!
Wer beobachtet das alles?
Wer stellt sich dies alles vor?

Wir können alles ausschließen, aber den Zeugen, den Denker nicht. Dies ist mit der Beweisführung vergleichbar, die René Descartes zur Formulierung seiner berühmten Aussage leitete:
„Ich denke, also bin ich." („Cogito ergo sum.")

Die Entstehung von Bewusstsein

„Das Universum ist das Versteckspiel Gottes mit sich selbst."
Aus der Kabbala

„Die Einheit schläft im Stein, atmet in den Pflanzen,
träumt in Tieren und erwacht im Menschen."
Ibn Al-'Arabi, (12.–13. Jh.)
[auch Paracelsus zugeschrieben]

Bewusstsein wird als die Fähigkeit, die eigene Existenz und die Umwelt wahrzunehmen, definiert. Es ist offensichtlich, dass diese Definition eine Dualität impliziert – einen Wahrnehmenden und das Wahrgenommene. Ein Subjekt (irgendein Lebewesen, Mensch, Tier) nimmt ein Objekt (anderes Lebewesen, physisches Objekt, seinen eigenen Körper) wahr. Wenn wir uns unserer eigenen Existenz bewusst sind, sind wir zugleich Subjekt und Objekt – der Wahrnehmende und das Wahrgenommene.

Setzen wir hier den alten hermetischen Lehrsatz „Wie oben, so unten ..." ein, so müssen wir Folgendes erkennen: Das, was für uns Menschen wahr ist, muss eine Widerspiegelung im Universellen haben bzw. umgekehrt. Wenn wir unsere bisherigen Überlegungen, die Beschaffenheit des Universums betreffend, in Betracht ziehen, müssen wir zu der Schlussfolgerung gelangen, dass wir als „Seelen" – als bewusste Lebewesen – ein Ausdruck des Bewusstwerdens des lebendigen, universellen Geistes sind. Wenn unsere Erkenntnis wächst, ist es Gott, der sich selbst zunehmend bewusst wird.

Dies alles wurde von dem britischen Religionsphilosophen Alan Watts spielerisch und unvergleichlich wirkungsvoll dargestellt. Ich zitiere einige Absätze aus seinem Buch „Die Illusion des Ich: über das Tabu zu wissen, wer du bist":

„Gott spielt gerne Verstecken, aber da es nichts außerhalb von Gott gibt, hat Er niemanden außer sich selbst, mit wem Er spielen kann. Er überwindet diese Schwierigkeit, indem Er vorgibt, dass Er nicht sich selbst sei. Das

Alan Wilson Watts (1915–1973)

ist seine Art sich vor sich selbst zu verstecken. Er gibt vor, dass Er du und ich und alle Menschen in der Welt ist; alle Tiere, alle Pflanzen, alle Felsen, alle Sterne. Auf diese Weise hat er seltsame und wunderbare Abenteuer, einige davon sind schrecklich und furcherregend. Aber sie sind genau wie schlechte Träume, die verschwinden werden, wenn Er aufwacht.

Nun, wenn Gott Verstecken spielt und vorgibt, dass Er du und ich ist, dann tut Er es so gut, dass Er eine lange Zeit braucht sich daran zu erinnern, wo und wie Er sich versteckte. Aber das ist der ganze Spaß an der Sache – genau das wollte Er. Er möchte sich nicht zu schnell finden, weil dies das Spiel verderben würde. Deshalb ist es so schwierig für dich und mich herauszufinden, dass wir Gott in Verkleidung sind, der vorgibt, nicht Er selbst zu sein. Aber wenn das Spiel lange genug gedauert hat, werden wir alle aufwachen, uns nicht länger verstellen und uns daran erinnern, dass wir alle ein einziges Selbst sind – der Gott, der alles ist, was es gibt, und für immer und ewig lebt." [7]

„Was ist das Schicksal des Menschen?"

Der Mahabharata, eines der Hauptwerke der indischen vedischen Tradition, beschreibt eine Episode, die während der Flucht des Helden König Arjuna mit seinem Hof vor ihren Feinden stattfindet. Die Flüchtenden müssen einen Fluss überqueren, der von einem Dämon bewacht wird. Der Dämon stellt Fragen an alle Reisenden. Wenn sie richtig antworten, dürfen sie überqueren, wenn nicht, tötet sie der Dämon. Die Frage, die der Dämon Arjuna stellt, ist: „Was ist das Schicksal des Menschen?" Man würde normalerweise antworten: „Alt werden, sterben, leiden ..." oder etwas in dieser Richtung. Aber Arjuna antwortet: „Die Erleuchtung".

Und das ist die richtige Antwort.

Stellen wir uns ein Sommergewitter vor. Nachdem der Regen aufgehört hat und die Wolken sich aufgelöst haben, ist der Boden noch feucht und es gibt überall Wasserlachen und Pfützen. Wenn die Sonne wieder herauskommt, beginnt das Wasser zu verdampfen. Nach einer Weile ist alles Wasser verdunstet und sogar die größeren Pfützen sind allmählich verschwunden.

Milliarden von Wassermolekülen sind in diesen Prozess eingebunden und es ist vorhersehbar, dass sie alle, ohne Ausnahme, sich in

Dampf verwandeln werden. Es ist jedoch ungewiss, welche Moleküle als Erstes verdunsten und welche zuallerletzt.

Dies veranschaulicht übrigens einen weiteren Aspekt des Zusammenspiels zwischen Ordnung und Chaos, das charakteristisch ist für die Dynamik des Universums. Als die Entdeckungen der Quantenmechanik zum ersten Mal veröffentlicht wurden, zögerten die meisten Physiker, manche der darin enthaltenen Schlussfolgerungen zu akzeptieren. Erstaunt über einige der Behauptungen, die Werner Heisenberg im Zusammenhang mit seiner „Unschärferelation" aufstellte, machte zum Beispiel Albert Einstein eine seiner berühmtesten Bemerkungen: „Gott würfelt nicht mit dem Universum."
Aber genau das tut Er!

In der Tat liefern uns mathematische Wahrscheinlichkeitsrechnungen sehr schöne Beispiele dafür, wie das Universum zugleich zufällig als auch geordnet sein kann. Wenn wir eine Münze werfen, lässt es sich mit hundertprozentiger Sicherheit vorhersagen, dass sie – statistisch gesehen – genauso oft mit Kopf nach oben landen wird wie mit Zahl. Eine statistische Auswertung nach Tausenden von Versuchen wird zeigen, dass die Wahrscheinlichkeitserwartung für jede der beiden Seiten exakt 50 Prozent beträgt.
Es lässt sich aber nicht voraussagen, auf welcher Seite die Münze als Nächstes landet. Auch wenn zehn Würfe nacheinander Kopf ergeben haben, ist die Wahrscheinlichkeit, dass die Münze beim nächsten Wurf auf Kopf oder Zahl landet, immer noch jeweils 50 Prozent.
Aber zurück zu dem Beispiel über das Verdampfen der Wasserlachen: So, wie es in der Natur der Dinge ist, dass alle Wassermoleküle verdampfen werden, so werden alle „Seelen" früher oder später unweigerlich in die innere Ordnung des Universums reintegriert, ebenso wie alle Teilchen der Materie (in Wirklichkeit Energieteilchen) unweigerlich in die Singularität zurückkehren werden, die einst ihre Quelle war.

Die Rolle des Menschen im Kosmos

Wir haben bei dem Beispiel über das Verdampfen der Wassermoleküle festgestellt, dass es völlig ungewiss bleibt, welche Moleküle als Erstes verdunsten und welche zuallerletzt. Es ist wahrscheinlich nicht wirklich wichtig. Aber es ist offensichtlich, dass diejenigen, die zuerst verdunsten, in keiner Weise „besser" sind als die letzten. So scheint es keine Rolle zu spielen, welche Seelen zuerst aufsteigen. Es gibt dazu weder einen Richterspruch noch ein Urteil. Dies wird durch eines der berühmten Gleichnisse Jesu, das Gleichnis von den Arbeitern im Weinberg, veranschaulicht:

... das Himmelreich gleicht einem Hausherrn, der früh am Morgen ausging, um Arbeiter für seinen Weinberg einzustellen. Und als er mit den Arbeitern einig wurde über einen Silbergroschen als Tagelohn, sandte er sie in seinen Weinberg. Und er ging aus um die dritte Stunde und sah andere müßig auf dem Markt stehen und sprach zu ihnen: Geht ihr auch hin in den Weinberg; ich will euch geben, was Recht ist. Und sie gingen hin. Abermals ging er aus um die sechste und um die neunte Stunde und tat dasselbe.

Um die elfte Stunde aber ging er aus und fand andere und sprach zu ihnen: Was steht ihr den ganzen Tag müßig da? Sie sprachen zu ihm: Es hat uns niemand eingestellt. Er sprach zu ihnen: Geht ihr auch hin in den Weinberg.

Als es nun Abend wurde, sprach der Herr des Weinbergs zu seinem Verwalter: Ruf die Arbeiter und gib ihnen den Lohn und fang an bei den letzten bis zu den ersten. Da kamen, die um die elfte Stunde eingestellt waren, und jeder empfing seinen Silbergroschen. Als aber die Ersten kamen, meinten sie, sie würden mehr empfangen; und auch sie empfingen ein jeder seinen Silbergroschen.

Und als sie den empfingen, murrten sie gegen den Hausherrn und sprachen: Diese Letzten haben nur eine Stunde gearbeitet, doch du hast sie uns gleichgestellt, die wir des Tages Last und Hitze getragen haben. Er antwortete aber und sagte zu einem von ihnen: Mein Freund, ich tu dir nicht Unrecht. Bist du nicht mit mir einig geworden über einen Silbergroschen? Nimm, was dein ist, und geh! Ich will aber diesem Letzten dasselbe geben wie dir.

Matthäus 20, 1–16

Der Lohn ist die Erleuchtung. Ob man glaubt, sie mühsam verdienen zu müssen, oder ob sie einem einfach in den Schoß gelegt wird, ist an sich egal. Ob sie früher stattfindet oder später, ist ebenfalls egal. Hauptsache ist, sie findet statt.

Das Gleichnis berührt auch einen weiteren wichtigen Aspekt im Zusammenhang mit dem Aufstieg von bewussten Seelen. Dieser Aspekt wird durch das Detail angedeutet, dass die beteiligten Akteure Arbeiter sind, die bei der Einbringung der Ernte mithelfen. Seelen, die weiter entwickelt sind, helfen auch anderen Seelen dabei, sich zu entwickeln.

Es liegt in unserer Natur, dass wir Ordnung aus dem Chaos schaffen wollen – dass wir unser Wohlergehen und eine immer höhere Manifestation und Qualität des Lebens suchen. Höher entwickelte Individuen erkennen sogar, dass ihre Erfüllung darin liegt, anderen dabei zu helfen, weiterzukommen. Eltern wollen, dass ihre Kinder in jeder Hinsicht wachsen und gedeihen …

Dies gibt uns einen Hinweis darauf, was unsere Aufgabe im Universum wohl ist. Jeder von uns ist ein individueller Ausdruck des „Zwecks" des Universums. Das Streben nach Erkenntnis und Verwirklichung der Einheit ist Teil unserer „Programmierung". Während wir uns spirituell weiterentwickeln, wird uns bewusst, dass wir den gleichen „Lebenszweck" haben wie das Universum selbst. Seelen, die als Erstes aufsteigen, werden bereits erkannt haben, dass es ihre Aufgabe (und Freude) ist, andere beim Aufsteigen zu unterstützen.

Da die Gesetze der Natur sich über alle Aspekte des Lebens erstrecken, liegt es auf der Hand, dass sie im Verhalten und in den Interaktionen auch von höheren Lebensformen, etwa des Menschen, ihre Anwendung finden. So haben wir Regeln der Hygiene, Gesundheit und des gesellschaftlichen Umgangs sowie zivile Gesetze entdeckt, die wir als lebensqualitäts- und gar überlebensfördernd erkannt haben.

Sollten wir Menschen in unserer Entwicklung die Phase erreicht haben, in der wir die technischen Kenntnisse und Möglichkeiten hätten, um uns selbst oder unseren Lebensraum zu vernichten, und es nicht tun, könnten wir uns als wirklich fortgeschritten betrachten und in der Lage sein, primitivere Völker zu unterrichten.

Allmählich wird die Menschheit einen Zustand der bewussten spirituellen Entwicklung erreichen, die es ihr ermöglichen wird, die Begrenzungen des physischen Körpers zu transzendieren. Es ist also durchaus möglich, dass wir irgendwann einmal die Fähigkeit erlangen werden, zu den entferntesten Bereichen des Weltraums oder gar in anderen Dimensionen zu reisen. Wir werden dabei auf intelligente Lebensformen stoßen, auf deren Entwicklung wir wohlwollend einwirken können.

Zusammenfassung

Der vorstehend beschriebene kosmologische Prozess der Ausdehnung und Kontraktion, Auflösung und Wiedervereinigung ist ein Aspekt dessen, was Mystiker aller Zeiten als die dualistische Natur des Universums bezeichnet haben.

Da das Physikalische ein Ausdruck des Geistigen ist (und umgekehrt), erleben wir das Leben als etwas Dualistisches – als das Zusammenspiel von Gegensätzen: Freude/Schmerz, Leben/Tod, hell/dunkel, gut/böse, Ordnung/Chaos … Das Universum manifestiert die grundlegendste dieser dualistischen Paare, Ordnung und Chaos in Form von Auflösung und Vereinigung, das heißt, als Ausdehnung und Kontraktion. Das Universum, in seinem zusammenführenden oder vereinigenden Aspekt, schafft immer höhere Manifestationen der Ordnung, deren höchste Formen wir als Leben und Bewusstsein erfahren.

Philosophen, Mystiker, Wissenschaftler haben Tausende von Jahren investiert und ebenso viele Bücher geschrieben in dem Versuch, die Fragen, mit denen wir uns in diesem Kapitel beschäftigt haben, zu klären. Zu glauben, dass wir sie in einigen Absätzen adäquat behandeln könnten, ist natürlich illusorisch, aber es war im Zusammenhang mit unserem Thema unumgänglich, sich mit ihnen zumindest kurz auseinandergesetzt zu haben.

Der „Aufstieg" ist eine Stufe in der Entwicklung des Bewusstseins. Er stellt den Übergang von einer niedrigeren Daseinsform zu einer höheren dar. Um über dieses Thema sinnvoll sprechen zu können, ist es wichtig, zumindest eine gewisse Vorstellung davon zu haben, in welchem Kontext diese Entwicklung stattfindet und was ihr Zweck innerhalb dieses Kontexts sein mag.

Ich glaube, dass wir diese Aspekte vorerst ausreichend behandelt haben, um in der Lage zu sein, das Thema dieses Buches weiter zu verfolgen und in das Phänomen des Aufstieges gedanklich näher einzutauchen.

Als Erstes wird es aber notwendig sein, einfach festzustellen, ob der Aufstieg – das heißt, der unmittelbare Eintritt des physischen Körpers in den „Himmel" oder in eine höhere Dimension bzw. einen höheren energetischen Zustand – tatsächlich möglich ist oder ob wir es bei diesem Konzept nicht bloß mit einem religiösen und esoterischen Mythos zu tun haben.

Kapitel 2

Von Zarathustra bis zu den Meistern der Weisheit

So gut wie alle Religionen der Welt haben Traditionen und Überlieferungen, die von einem Himmelsaufstieg ihrer Heiligen oder erhabenen Persönlichkeiten berichten.

Die alten Ägypter pflegten seit der Zeit der Frühdynastischen Periode (ca. 3000 v. Chr.) ein Himmelsaufstiegsritual für ihre verstorbenen Pharaonen. Seit der 4. Dynastie (ca. 2600 v. Chr.) allerdings, beginnen die Pyramidentexte zu beschreiben, wie der noch lebende Pharao von „seinem Vater *Re* gerufen" wird, um zu ihm in den Himmel aufzusteigen. [1]

Der *Zoroastrismus* bzw. *Zarathustrismus* (auch *Mazdaismus* oder *Parsismus* genannt) ist wohl eine der ältesten Religionen der Welt. Gelehrte des Altertums – der griechische Historiker und Philosoph *Plutarch* beispielsweise – schätzten die Anfänge der Religion auf einen früheren Zeitpunkt als 6000 v. Chr.

Zoroastrische Traditionen basieren auf Schriften des Propheten *Zarathustra* die in einem alten awestischen (ostpersischen) Dialekt verfasst sind. Dieser Dialekt ist dem Sanskrit des indischen *Rigweda* sehr ähnlich, was eher auf einen Ursprung um das zweite vorchristliche Jahrtausend hinweist. [2]

Die zoroastrischen Schriften berichten von zwei Ehrwürdigen – *Saoschjant* und *Peschotanu* –, die durch ihre Hingabe zu Gott in eine höhere Daseinsform aufgestiegen sind und als unsterblich gelten. *Saoschjant* ist eine Figur der zoroastrischen Eschatologie, die am Ende der gegenwärtigen Menschheitsepoche die Erneuerung der Welt herbeiführen soll. Der awestische Name bedeutet wortwörtlich „einer, der Wohltat bringt".

Peschotanu wird als Helfer des Saoschjant beschrieben. Der Name bedeutet „jemand, der mit seinem Körper zahlt". Beide Namen werden zeitweise als Gattungsnamen verwendet. In Texten, die aus der späteren Tradition stammen (9.–12. Jh. n. Chr.), wird der Peschotanu als „Beschützer der Religion" beschrieben, der am Ende des „elften Jahrtausends" eine Wiederbelebung des Glaubens herbeiführen wird. [3]

Aus der jüdischen Tradition

Die erweiterte jüdische Tradition erzählt von acht Personen, die lebend in den Himmel aufgestiegen sind. Jedoch wird im Alten Testament nur der Aufstieg von zwei Menschen beschrieben: *Henoch* und *Elia*.

Henoch kommt im fünften Kapitel des *1. Buches Mose* (traditionelle Datierung ca. 1400 v. Chr.) in der Auflistung der Nachkommen Adams als dessen Urenkel vor. Während in dem Text lediglich die Namen und Lebensspannen der Personen aufgelistet sind, wird nach Henochs Namen ein seltsamer Satz hinzugefügt:

> *„Und Henoch wandelte mit Gott; und er war nicht mehr,*
> *denn Gott nahm ihn hinweg"*
> 1. Buch Mose 5, 24

Als Folge dieses einen Satzes wurde über die Jahrtausende ein regelrechter Kult um Henoch aufgebaut. Während das konservative Judentum sowie die Verfasser des Neuen Testaments sich auf die Beschreibungen im 1. Buch Mose beschränken, gibt es eine Fülle von apokrypher Literatur aus kabbalistischen und anderen jüdischen oder christlich-spekulativen Quellen, die Henoch immer fantastischere Fähigkeiten und Leistungen zuschreiben.

Es wird ihm beispielsweise zugesprochen, dass er derjenige ist, der die Nationen zur spirituellen Umkehr führen wird; dass er nach seinem Aufstieg zum Wächter aller himmlischen Schätze, zum Gebieter der Erzengel sowie zum unmittelbaren Wärter des Thrones Gottes ernannt wurde. Infolgedessen wurde er in alle Geheimnisse und Rätsel eingeweiht und es wurde ihm die Vollmacht erteilt – mit dem Beistand aller Engel – zu erfüllen, was aus dem Mund Gottes kommt, und Seine Beschlüsse auszuführen. Henoch wurde auch als Metatron identifiziert – als der Engel, der Gottes Wort wiedergibt und die Offenbarung Gottes an Mose weitergeleitet hat. Er war zudem als der Erfinder der Schrift und als Lehrer der Astronomie sowie der Arithmetik erachtet.

„... Henoch wandelte mit Gott; und er war nicht mehr, denn Gott nahm ihn hinweg"

Einige Kommentatoren betrachten Henoch als einen der beiden Zeugen der Endzeit aus der *Offenbarung des Johannes*. Er wird in diesem Zusammenhang auch mit dem Propheten Elia in Verbindung gebracht. [4]

Elia, auch Elija oder Elias (hebräisch: *Elijahu*, was „Jahwe ist mein Gott" bedeutet), war ein Prophet im Nordreich Israel, während der Herrschaft der Könige Ahab und Ahasja (9. Jh. v. Chr.).

Laut den *Büchern der Könige* verteidigte Elia die Verehrung Jahwes und stellte ihn über den phönizischen Gott Baal. Er erweckte Tote, rief Feuer vom Himmel herunter und vollbrachte auch andere bemerkenswerte Wunder. Im Buch *Maleachi* ist die Rückkehr des Elias *„vor dem Kommen des großen und schrecklichen Tag des Herrn"* prophezeit. Er wird im Judentum, Christentum und dem Islam als Vorläufer des Messias und als Endzeitprophet verehrt.

Von Elias Aufstieg wird im 2. Kapitel des 2. Buches der Könige wie folgt berichtet:

> *„Und es geschah, als Jehova den Elia im Sturmwinde gen Himmel auffahren ließ, da gingen Elia und Elisa von Gilgal hinweg.*
>
> *Und es geschah, während sie gingen und im Gehen redeten, siehe da, ein Wagen von Feuer und Rosse von Feuer, welche sie beide voneinander trennten; und Elia fuhr im Sturmwind auf gen Himmel.*
>
> *Und Elisa sah es und schrie: Mein Vater, mein Vater! Wagen Israels und seine Reiter! Und er [Elisa] sah ihn [Elia] nicht mehr."*

2. Könige 2, 1; 11–12

Der Text berichtet im Weiteren davon, dass ein Suchtrupp darauf bestand, Elia zu finden, da man vermutete, dass er nur zu einem anderen Ort gerbracht worden war. Aber man fand ihn nicht und er wurde nie mehr gesehen – außer als mystische Erscheinung über die Jahrtausende.

Elisa beobachtet, wie Elia in einem feurigen Wagen genommen wird. Caspar Luiken, 1672–1708

Interessanterweise, im Gegensatz zu Henoch, gibt es um Elia relativ wenige Legenden oder apokryphe Literatur – vermutlich, weil die Berichte von seinem Leben und Wirken in den Heiligen Schriften schon detailliert und wundersam genug waren.

Aus der indischen Tradition

In dem großen indischen Epos *Mahabharata* (Ursprünge ca. 9.– 8. Jh. v. Chr.), war *Yudhisthira* Führer der *Pandava*-Seite in dem *Kurukshetra*-Krieg. Für seine Frömmigkeit wurde er als *Dharmaraja* („gerechter König" oder „König des Dharma" [= rechtes Handeln]) bekannt. Er galt als so fromm, dass einige Quellen davon berichten, dass sein *Ratha* (Streitwagen) in der Schlacht von Kurukshetra vier Finger hoch über dem Boden flog. In der Mahabharata erfahren wir über Yudhisthira, dass er auf den Thron nie gierig und immer um das Wohlergehen aller Wesen bedacht war. Er wurde König wegen seines guten Karmas und wegen seines Bemühens um die Bewahrung von Dharma.

Nach dem Ausbruch der *Kali-Yuga* („Zeitalter des [Dämons] *Kali*" oder „Zeitalter der Ungerechtigkeit"), als der Avatar *Krishna* sich physisch entfernte, zogen sich Yudhisthira und seine Brüder ebenfalls zurück und überließen den Thron ihrem einzigen Nachkommen. Sie verzichteten auf all ihr Hab und Gut, trennten sich von allen Verbindungen und traten ihre letzte Wallfahrtsreise in den Himalaya an. Yudhisthira war der Einzige, der die Berg-

Yudhisthiras Aufstieg, Illustration aus der *Mahabharata* Ausgabe: Ramanarayanadatta Astri

spitze erreichte, weil er makellos war – frei von Sünde oder Unwahrheit. Auf dem Gipfel angekommen, nahm ihn *Indra*, König der Götter, in seinem goldenen Streitwagen in den Himmel. [5]

Aus dem griechischen Kulturkreis

Fast alle alten Überlieferungen, Legenden oder Mythen wurden in der Regel jahrhundertelang mündlich weitergegeben, bevor sie schriftlich festgehalten wurden. So finden wir Tonscherben mit Darstellungen der Abenteuer von *Herakles*, die aus einer früheren Zeit stammen als die Schriften der Chronisten des griechischen Altertums – etwa *Homer* oder *Hesiod* (beide ca. 8.–7. Jh. v. Chr.)

Die griechische Mythologie erzählt, wie Herakles nach der Vollbringung zahlreicher Heldentaten und seiner zwölf Arbeiten unmittelbar vor seinem Tod von den Göttern in den Olymp entrückt wurde, wo er mit *Hebe*, der Göttin der Jugend, vermählt wurde und Unsterblichkeit erlangte. [6]

Eine Legende aus der nachchristlichen griechischen Epoche erzählt von dem Himmelsaufstieg des renommierten Orators und neuphythagoreischen Philosophen *Apollonios von Tyana* (ca. 40–120 n. Chr.). Apollonios wurde von den Christen des 4. Jahrhunderts wie auch von verschiedenen populären Schriftstellern in der Neuzeit mit Jesus von Nazareth verglichen. Er war auch eine bekannte Figur in der mittelalterlichen islamischen Welt.

Apollonios von Tyana. Kupferstich aus der Archiv der Diözesan- und Landesbibliothek Skara, Schweden

Er ernährte sich vegetarisch, trat gegen Tieropfer ein und lehrte unter anderem, dass Gott durch Gebete und Opfer nicht beeinflussbar und an der Verehrung durch die Menschen nicht interessiert sei. Er könne aber auf geistigem Wege erreicht werden; Gott ist *Nous* (Geist, Intellekt, Verstand, Vernunft) und daher dem menschlichen Geist zugänglich.

In der ersten Hälfte des 3. Jhs. n. Chr. verfasste der Sophist *Flavius Philostratos* eine Biographie des Apollonios, die das Bild des Philosophen bis in die Gegenwart geprägt hat. Das Werk ist romanhaft angelegt und mit Wundergeschichten ausgeschmückt. Philostratos impliziert darin, dass Apollonios am Ende seines Lebens den himmlischen Aufstieg erfuhr. [7]

Buddhismus und Daoismus

Obwohl die Ursprünge des *Buddhismus* in Indien liegen und die des *Daoismus* in China, entstanden beide Traditionen etwa zur gleichen Zeit (ca. 5. Jh. v. Chr.) und teilten sich die gleichen ostasiatischen Verbreitungsräume.

Dass sie sich somit gegenseitig beeinflussten, macht sich in Ähnlichkeiten in den Lehren und in manchen Überlieferungen bemerkbar.

Es wird beispielsweise angenommen, dass „Die Legende von *Miào Shàn*", die von der

Sitzende Guanyin. China, Ming Dynastie

Verwandlung und dem Aufstieg einer buddhistischen Prinzessin erzählt, daoistischen Ursprungs ist. Die Eltern von Miào Shàn – der König und die Königin – wollten die konsequente spirituelle Ausrichtung ihrer Tochter nicht respektieren und versuchten durch tückische Schikanen und schwere Verfolgungen der Prinzessin ihren Willen aufzuzwingen. Diese jedoch blieb dem rechten Weg treu und wurde zum Schluss, nach manchen buddhistischen und daoistischen Darstellungen, in die tausendarmige Göttin *Guanyin* (*Kuan-yin*) verwandelt. [8]

Eine der beliebtesten daoistischen Geschichten, die ihren Ursprung in der chinesischen Mythologie hat, erzählt von den *Acht Unsterblichen*. Diese sind Heilige, die gegen Ungerechtigkeit und Unterdrückung kämpfen und die acht grundlegenden Lebensbedingungen verkörpern: Jugend, Alter, Armut, Reichtum, Adel, Volk, Weibliches und Männliches. Daoisten glauben generell, dass selbst normale Menschen in der Lage sind, durch hartes Studium die Geheimnisse der Natur zu enträtseln und zur Unsterblichkeit aufzusteigen. [9]

Ein weiterer aufgestiegener Heiliger aus der späteren daoistischen Tradition (ca. 2. Jh. v. Chr.) ist *Li Hong*, eine messianische Gestalt. Es wurde prophezeit, dass er am Ende der Welt wiederkommen würde, um die Auserwählten, die durch bestimmte Talismane, Praktiken und Tugenden erkennbar werden, zu retten.

Er wird in der daoistischen *Göttlichen Beschwörungsschrift* (ca. 5. Jh. n. Chr.) als eine ideale Führungspersönlichkeit dargestellt, die

Die acht Unsterblichen überqueren das Meer.
Illustration aus „Mythen und Legenden Chinas"

zu einer Zeit des Umbruchs und des Chaos erscheinen wird, um die Ordnung im Himmel und auf der Erde wieder herzustellen. Li Hong wird manchmal als ein Avatar oder die Reinkarnation von Lao-Tse bezeichnet. [10]

Als ein Pendant zum daoistischen Li Hong kann der *Maitreya-Buddha* gesehen werden. Maitreya ist ein *Bodhisattva*, der in der buddhistischen Eschatologie auf der Erde erscheinen und – nachdem er die vollkommene Erleuchtung erreicht hat – das reine Dharma lehren wird. Maitreya wird ein Nachfolger des historischen Buddhas *Shakyamuni* sein. Die Prophezeiung der Ankunft des Maitreya verweist auf eine Zeit, in der Dharma unter den Menschen allgemein vernachlässigt wird. [11]

Das Christentum und der Islam

Die Überlieferungen über die Auferstehung und den Aufstieg Jesu von Nazareth sind aus dem Neuen Testament wohlbekannt. Die christlichen Kirchen erkennen im Allgemeinen auch den Aufstieg von Henoch und Elia an. Die *katholischen, anglikanischen* und *orthodoxen Kirchen* fügen auch Maria, die Mutter von Jesus, ihrer Liste der aufgestiegenen Heiligen hinzu.

Mitglieder der *Kirche Jesu Christi der Heiligen der Letzten Tage* (im Volksmund *Mormonen*) glauben ebenfalls an den Himmel-

Mariä Himmelfahrt
Gemälde von Fra Angelico Beato, 1430

saufstieg von Jesus Christus sowie auch von Henoch und Elia, nicht aber von Maria, der Mutter Jesu. Sie sind allerdings der Meinung, dass eine weitere, relativ große Anzahl ausgewählter Individuen in den Himmel aufgefahren ist, „ohne den Tod geschmeckt zu haben".[12]

Eine muslimische Tradition, die von allen drei ursprünglichen Glaubensrichtungen des Islam – *Schiiten, Sunniten* und *Charidschiten* – gepflegt wird, berichtet von zwei Himmelfahrtserlebnissen des Propheten Mohammed; *al-Isrā* und *al-Mi'rādsch*.

Der Mi'rādsch soll von einem Ort im Kaaba-Heiligtum in Mekka über eine Leiter in den Himmel stattgefunden haben. Der Isrā war eine nächtliche Reise des Propheten von Mekka aus auf dem wundersamen Reittier *Al-Buraq* nach Jerusalem.

Mohammed ist nach beiden Aufstiegserlebnissen – währenddessen er Begegnungen mit Abraham, Mose und Jesus sowie mit den Engeln Michael und Gabriel hatte – auf die Erde zurückgekehrt. Er starb eines natürlichen Todes und wurde unter dem Haus seiner Frau A'ischa begraben. Sein Grab befindet sich heute innerhalb der „Prophetenmoschee", der Hauptmoschee von Medina.[13]

Die *Imamiten* oder *Zwölfer-Schiiten*, die größte Gruppe der Schiiten, glauben zudem an einen aufgestiegenen *Mahdi* (= „geführt", „geleitet" bzw. „der Rechtgeleitete"), der einst als eine messianische Figur wiederkehren wird. Die Zwölfer-Schiiten werden wegen ihres Glaubens an die „Vierzehn Unfehlbaren" so genannt, welche sind: der Pro-

Mohammed auf dem wundersamen Reittier ‚Al Buraq'.
Gouache, Blattgold auf Papier, Indien, 18. Jahrhundert

phet Mohammed, dessen Tochter Fatima und die zwölf historischen *Imame* (Imām = Vorsteher, Vorbild).

Der zwölfte Imam, *Muhammad al-Mahdi*, der auch als der verborgene Imam bezeichnet wird, ist nach Ansicht der Zwölfer-Schiiten nicht gestorben, sondern wurde von Gott entrückt und lebt seitdem in Verborgenheit. Sie glauben, dass er einst wiederkehren wird, um die Mission des Propheten zu vollenden und ein Reich der Gerechtigkeit auf Erden zu errichten. [14]

Die Theosophie

Während des Mittelalters bis hin zur Moderne wurden die alten Aufstiegstraditionen lediglich weiter herausgearbeitet und ausgeschmückt. Anfang des 20. Jahrhunderts war allerdings eine regelrechte Renaissance an Überlieferungen von aufgestiegenen Lehrern und Meistern zu beobachten. Dies begann mit der Verbreitung der umfangreichen Schriften von H.P. Blavatsky und der Gründung der *Theosophischen Gesellschaft*.

Helena Petrovna Blavatsky (1831–1891) war eine der einflussreichsten Persönlichkeiten des späten 19. Jahrhunderts. Die Auswirkungen ihrer Tätigkeiten sind bis in die heutige Zeit deutlich spürbar. Geboren in Russland in einer deutsch-

Helena Blavatsky und Henry Steel Olcott, 1888.
im Vordergrund: Madame Blavatskys persönliches Siegel

russischen Adelsfamilie, bereiste sie schon seit ihren jüngeren Jahren entfernte Teile der Welt mit längeren Aufenthalten in Paris, London, New York, Indien und Tibet.

Helenas Interesse an Esoterik und dem Okkult war bereits während ihrer Jugend ausgeprägt. Es wird berichtet, dass sie sich schon als Kind in medialem Schreiben übte und ihr Lieblingsaufenthaltsort im Haus der Familie die umfangreiche Bibliothek war, die ihr Urgroßvater, ein Freimaurer mit rosenkreuzerischer Ausrichtung, hinterlassen hatte. Die zahlreichen Werke über mittelalterlichen Okkultismus, die in dieser Sammlung aufbewahrt waren, wurden von ihr besonders akribisch studiert.

Der Hauptzweck ihrer späteren Reisen war die Erweiterung ihres spirituellen Wissens durch die persönliche Begegnung mit Schamanen und spirituellen Meistern. Nach ihren Angaben wurde sie während ihres Aufenthalts in Tibet in die Geheimnisse des *Mahayana Buddhismus* eingeweiht. Sie eignete sich jedenfalls einen einmaligen und außerordentlich ansehnlichen Überblick in okkulten und esoterischen Überlieferungen an, der das gesamte Wissensspektrum der menschlichen Zivilisation umspannte.

1875 gründete sie in New York die *Theosophische Gesellschaft* zusammen mit dem amerikanischen Rechtsanwalt und Armeeoberst a.D. *Henry Steel Olcott*. Die beiden reisten einige Jahre danach nach Indien, wo sie später das internationale Hauptquartier der Gesellschaft etablierten. [15]

Blavatskys erstes Hauptwerk, *Isis Entschleiert* (Untertitel: *Ein Meister-Schlüssel zu den Geheimnissen der alten und modernen Wissenschaft und Theologie*), wurde 1877 in London verlegt. Die erste Auflage war innerhalb von zehn Tagen ausverkauft. Ihr zweites Hauptwerk,

Die Geheimlehre (Untertitel: *Die Synthese von Wissenschaft, Religion und Philosophie*), wurde ebenfalls außerordentlich enthusiastisch aufgenommen.

Die Inhalte ihrer umfangreichen Werke entsprachen dem damaligen Zeitgeist – deren charakteristische Hauptmerkmale ein Verlangen nach spirituellem Wissen, aber zugleich eine Faszination von den neuesten wissenschaftlichen Erkenntnissen war. Zahlreiche renommierte und einflussreiche Persönlichkeiten aus der damaligen und folgenden Zeit bekannten sich zu den theosophischen Lehren oder wurden von ihnen nachweislich beeinflusst: Thomas Alva Edison, Henry Ford, Hermann Hesse, William Butler Yeats, James Joyce, Jack London, D.H. Lawrence, T.S. Eliot, Aldous Huxley, Leo Tolstoi, Wassily Kandinsky, Piet Mondrian, Paul Klee, Paul Gauguin, Gustav Mahler, Jean Sibelius, Alexander Skrjabin und viele andere.

Der renommierte Kunsthistoriker, Philosoph und Oxford-Professor *John Ruskin* war ein Freimaurer hohen Grades und enthusiastischer Theosoph. Wie auch Helena Blavatsky war Ruskin ein ausgesprochener Bewunderer Platons, dessen elitäre Staatsphilosophie die Grundlage seiner Lehrinhalte bildete.

Ruskin war der intellektuelle Mentor von Cecil John Rhodes, der später die internationale *Round Table Gruppe* ins Leben rief. Von dieser Gruppe angeführte wirtschaftliche, politische und ideologische Institutionen dominieren die globalen Entwicklungen nachhaltig bis zum heutigen Tag. [16]

Madame Blavatsky, wie sie später ehrenvoll genannt wurde, behauptete, dass der Großteil ihrer Werke – aber vor allem die sogenannten *„Meister-"* oder *„Mahatma-Briefe"* – direkte mediale Durchgaben einer Anzahl von in Abgeschiedenheit lebenden *Meistern der Weisheit* oder *Mahatmas* waren:

„... Sie sind lebendige Menschen, geboren, wie wir geboren sind, und dazu verdammt, wie jeder Sterbliche zu sterben. Wir nennen sie ‚Meister‘, weil sie unsere Lehrer sind, und weil wir alle theosophischen Wahrheiten von ihnen abgeleitet haben ... Es sind Menschen von großer Gelehrsamkeit, die wir Initiierte nennen, und noch größerer Heiligkeit des Lebens.“ [17]

H.P. Blavatsky

Kapitel 3
Die Aufgestiegenen Meister

A us Helena Blavatskys Darstellungen von den *Meistern der Al-ten Weisheit* wurden die theosophischen Lehren von einer *Spirituellen Hierarchie für die Erde* oder *Großen Bruderschaft des Lichts* abgeleitet. Diese wurden später als die *Große* oder *Universelle Weiße Bruderschaft* und auch als die *Große Weiße Loge* bekannt. (Der Begriff „weiß" sollte natürlich nicht als rassische Beschreibung verstanden werden, sondern als symbolischer Bezug auf die „Reinheit des Lichts", das von diesen Meistern ausging.)

Weitere relevante theosophische Konzepte in diesem Zusammenhang umfassen auch Blavatskys Lehren von den Einweihungsebenen und den *Sieben Strahlen* sowie ihre Theorien über die sogenannten *Wurzelrassen.**

Nach Madame Blavatskys Tod wurden ihre Angaben über die *Meister der Alten Weisheit* von ihren Nachfolgern in der Theosophischen Gesellschaft weiterentwickelt – insbesondere haben *Annie Besant* und

---

* Die Ideologien der 1918 gegründeten „*Thule-Gesellschaft*", einer Vorläufervereinigung der NSDAP, sowie später auch der Nationalsozialismus selbst wurden von Blavatskys Thesen nachweislich beeinflusst. So fanden die Lehren von einer „Arische Rasse" sowie auch das Hakenkreuz-Symbol Einzug in das gesamte Umfeld der Nationalsozialisten. [1]

Charles W. Leadbeater, später *Alice A. Bailey* und in unserer Zeit *Benjamin Creme* zu dieser Entwicklung beigetragen.

Im Laufe der Zeit wurden die Darstellungen der Meister und der spirituellen Hierarchiestruktur zunehmend komplex und mystisch, da jedes Mitglied der theosophischen Führung mehr und mehr Details hinzufügte. Diese Beschreibungen sowie die Lehren der Meister – die in den zahlreichen theosophischen Publikationen dokumentiert sind – sollten fast ausschließlich durch mediale Durchgaben übermittelt gewesen sein. Sie wurden später auch von mehreren, auf den theosophischen Lehren basierenden Gruppierungen aufgenommen und zu einem umfangreichen Mythos um die sogenannten *Aufgestiegenen Meister* wesentlich erweitert.

Von C.W. Leadbeater identifizierte Meister

Nach den theosophischen Lehren gibt es 60 Meister der Alten Weisheit, von denen bisher 29 identifiziert wurden. C.W. Leadbeater nannte insgesamt 18 Meister und andere Wesen in der Geistigen Hierarchie.

Nach Leadbeater gibt es einen Meister *Jupiter*, der in Indien lebt und für die Aufsicht über Menschen, Behörden und Entwicklung dieses Landes zuständig ist. Er ist auf der fünften Einweihungsebene.

Höher als Meister Jupiter gibt es acht Wesen, von denen sieben gleichrangige *Chohans* (Meister) der Sieben Strahlen sind – *Morya*, Meister des Ersten Strahls; *Kuthumi*, Meister des Zweiten Strahls; *Paul der Venezianer*, Meister des Dritten Strahls; *Serapis Bey*, Meister des Vierten Strahls; *Hilarion*, Meister des Fünften Strahls; Meister *Jesus*, Meister des Sechsten Strahls; und Meister *Rakoczi* (*St. Germain*), Meister des Siebten Strahls. Das achte Wesen, *Djwal Khul*, ist der

Mittler zwischen den Chohans der Sieben Strahlen und zugleich ihr Kommunikationskanal. Alle acht dieser Wesen sind auf der sechsten Einweihungsebene.

Höher als diese acht, schreibt Leadbeater, sind vier Wesen: der *Maha Chohan* (Großer Meister), der sich der Evolution der Menschheit annimmt; *Chakshusha Manu*, der der Stammvater der atlantischen Wurzelrasse vor Millionen von Jahren in Lemuria war; *Vaivasvatu Manu*, der vor 100.000 Jahren der Stammvater der arischen Wurzelrasse in Atlantis war; und *Maitreya*, der die Evolution der verschiedenen menschlichen Kulturen lenkt. Alle vier dieser Wesen sind auf der siebten Einweihungsebene.

Höher als diese dreizehn sind vier Wesen: die *Drei Pratyeka Buddhas*, die mit der Menschheit nicht interagieren – ihre Funktion ist einfach, die Energie der Sieben Strahlen aus den *Solar Logos* (die Sonnengottheit/Quelle) zu übertragen; und *Gautama Buddha*, der in seiner Funktion als „Planetary Buddha" mit der Menschheit ständig interagiert. Alle vier dieser Wesen sind auf der achten Einweihungsebene.

Und zum Schluss, über den siebzehn Wesen der spirituellen Hierarchie der Erde, steht *Sanat Kumara*, die regierende Gottheit der Erde, von der man annimmt, dass er in *Shamballah* lebt. Er soll ursprünglich aus der ätherischen Ebene des Planeten Venus stammen, der nach theosophischen Lehren die

C.W. Leadbeater (1847–1934) nannte insgesamt 18 Meister und andere Wesen in der Geistigen Hierarchie.

Heimat ist für eine Zivilisation, die Hunderte Millionen von Jahren weiter entwickelt ist als die Erde. Sanat Kumara ist auf der neunten Einweihungsebene.

Nach Leadbeaters Darstellungen leben Meister Jupiter und die sieben Meister der Sieben Strahlen sowie Djwal Khul in fernen Teilen der Erde wie dem Himalaya-Gebirge oder Tibet. Sie verfügen über paranormale Fähigkeiten und sind in der Lage, sich zu teleportieren, zu schweben und auf den spirituellen Ebenen nach Belieben zu reisen. Die anderen höheren Wesen leben auf noch höheren spirituellen Ebenen. [2]

Von Alice A. Bailey identifizierte Meister

Neben den ursprünglichen achtzehn, die C.W. Leadbeater erwähnte, listet Alice A. Bailey neun weitere Wesen als Meister auf. Diese sind: *Meister P.*, *St. Germain* (von Bailey als *Meister Rakoczi* oder *Meister R.* bezeichnet), der dabei behilflich gewesen sein soll, das Zeitalter des

Wassermanns in Amerika einzuführen; und zwei *Englische Meister*, von denen einer die Entstehung der Arbeiterbewegung inspiriert hätte.

Zusätzlich zu diesen Dreien gibt es die drei *Lords of Liberation* (Herren der Befreiung), die nach Alice Bailey die Leitworte „Freiheit, Gleichheit, Brüderlichkeit" formuliert und der menschlichen Rasse telepathisch übermittelt hätten. Diese Losung wurde in der folgenden Zeit verwendet, um die Aufklärung und die Französische Revo-

Neben den ursprünglichen achtzehn listete *Alice Ann Bailey* (1880–1949) neun weitere Wesen als Meister auf.

lution zu symbolisieren. Bailey sagte voraus, dass dieser Leitsatz das Motto des *New Age*, d.h. des Zeitalters des Wassermanns, sein würde. Die Herren der Befreiung trugen nach Bailey auch dazu bei, die notwendige spirituelle Energie zu erschaffen, die es den Alliierten im Zweiten Weltkrieg ermöglichte, die Achsenmächte zu besiegen.

Schließlich gibt es die drei *Herren des Karma*. Diese drei Wesen sollen in *Shamballah* leben und Sanat Kumara dabei helfen zu entscheiden, wo und wann Seelen in ihrem nächsten Leben inkarnieren werden. Alle neun der oben genannten Wesen sind, nach Alice Baileys Angaben, auf der fünften Einweihungsebene. [3]

Von Benjamin Creme identifizierte Meister

Benjamin Creme ist der Gründer von *Share International* und der prominenteste zeitgenössische Verbreiter der theosophischen Lehren sowie auch der wichtigste Verkünder der Ankunft des Weltlehrers *Maitreya*. Er nannte zwei bisher nicht identifizierte Meister im Jahr 2001 – einen *Meister in Moskau* und einen *Meister in Tokio*, gab aber ihre tatsächlichen persönlichen Namen nicht bekannt.

Er beschrieb beide als Wesen auf der fünften Einweihungsebene. Es wird allgemein angenommen, dass einer der beiden von Alice A. Bailey oben erwähnten Englischen Meister Benjamin Cremes Meister und geistiger Führer ist, den er als die Quelle für den Großteil seiner Lehren angibt.[4]

Die Lehren der Aufgestiegenen Meister

Das Konzept der *Aufgestiegenen Meister* wurde in den 1930er Jahren von dem amerikanischen Bergbauingenieur *Guy Ballard* eingeführt, der zusammen mit seiner Frau, *Edna Anne Wheeler Ballard*, – beide begeisterte Schüler der Theosophie – eine religiöse Bewegung gründete, die als *„I AM" Activity* bekannt wurde.

Von dieser wiederum entstand eine Gruppe von mehreren auf der Theosophie basierenden Religionen, die später als die *Ascended Master Teachings* (Lehren der Aufgestiegenen Meister) genannt wurden. Diese Lehren stellten die Meister generell als schon auf der ätherischen Ebene lebend dar.

Hauptzweige dieser Gruppe von Organisationen wurden während der 1960er bis 1990er Jahre durch das Channelmedium *Mark Prophet* und seine Frau *Elizabeth Clare Prophet* gegründet und verwaltet.

Die Ballards zusammen mit Mark und Elizabeth Prophet fügten mehr als 200 neue aufgestiegene Meister der Liste hinzu, von denen sie behaupteten, Durchgaben zu empfangen, sowie auch von den ursprünglichen 18 von C.W. Leadbeater identifizierten Meistern der Alten Weisheit der Theosophie. Diese Letzteren wurden von ihnen ebenfalls als Aufgestiegene Meister betrachtet. Keiner der von Alice A. Bailey und Benjamin Creme identifizierten elf Meister wird in den Lehren der Aufgestiegenen Meister als solcher anerkannt. Theoso-

Guy und Edna Ballard vor einer Darstellung von St. Germain.

Mark und Elizabeth Prophet

phen wiederum erkennen keinen der mehr als 200 in den Lehren der Aufgestiegenen Meister identifizierten neuen Meister als Meister der Alten Weisheit an.

Seit sich Elizabeth Clare Prophet im Jahr 1999 aus dem öffentlichen Leben zurückzog, nehmen Verbreiter der Aufgestiegenen-Meister-Lehren weiterhin mit neuen Meistern Kontakt auf, sodass die Zahl der Aufgestiegenen Meister mit jedem Jahrzehnt ständig zunimmt. [5]

Dichtung und Wahrheit

Während wir nun die bekanntesten Aufstiegsberichte, Traditionen, Mythen und Legenden, die von den Anfängen der Menschheitsgeschichte bis in die Gegenwart überliefert wurden, zusammengefasst haben, ist dem Leser das offensichtlichste Problem, das im Umgang mit diesem Thema auftaucht, sicherlich bewusst geworden – nämlich die Frage der Glaubwürdigkeit.

Es mag zwar stimmen, dass über Jahrhunderte oder gar Jahrtausende gepflegte mythische oder heroische Geschichten und Legenden in den meisten Fällen auf Tatsachen – die mittlerweile allerdings längst verblasst sind – beruhen. Es ist aber generell äußerst schwierig festzustellen, welche Teile der überlieferten Traditionen der Wahrheit entsprechen könnten und welche Teile bloß fantastische Verzierungen sind.

Vor allem scheinen die Berichterstatter von religiösen Überlieferungen zeitweise dazu zu neigen, sich

Mirra Alfassa (1878–1973), Schülerin von *Sri Aurobindo* (1872–1950), versuchte die Schaffung eines „Lichtkörpers" zu vollbringen.

Übertreibungen und allzu oft offenkundiger Täuschungen zu bedienen. Eine weitere häufige Schwäche, der auch aufrichtige religiöse Führer oft zum Opfer fallen, ist zu glauben, dass sie fähig sind, wundersame Taten zu vollbringen, die, wie sich dann herausstellt, doch über ihren Fähigkeiten liegen.

Mirra Alfassa (genannt *die Mutter*) war die führende Schülerin des Hindu-Philosophen und Gurus *Sri Aurobindo*. Sie versuchte die physische Verwandlung ihres Körpers zu vollbringen, um das erste Individuum einer neuen Art von Mensch zu werden. Mirra glaubte, sie könne einen „Lichtkörper" schaffen, indem sie sich dem *Supramental Truth Consciousness* (übermentales Wahrheitsbewusstsein) öffnete, einer Macht des Geistes, die Sri Aurobindo entdeckt hätte. Sie starb jedoch eines natürlichen Todes und ihr Körper wurde eingeäschert. [6]

Guy Ballard behauptete, er könne den Menschen beibringen, vor dem Tod in den Himmel aufzusteigen. Es gelang ihm in den 1930er Jahren, über eine Million Anhänger anzusammeln. Er selbst starb allerdings eines natürlichen Todes im Jahr 1939.

Die *ICH BIN*-Bewegung und später die Anhänger der Lehren der Aufgestiegenen-Meister-Religionen, wie Elizabeth Clare Prophet, definierten dann den Begriff Aufstieg neu als normales Sterben, behaupteten aber, dass bestimmte „besondere" Menschen, wie beispielsweise Mark Prophet, nach dem Tod zu einem höheren Himmel aufsteigen könnten als durchschnittliche Personen und zu Aufgestiegenen Meistern würden. [7]

Reason und Annalee Skarin

Annalee Skarin war in der Kirche Jesu Christi der Heiligen der Letzten Tage aufgewachsen. Sie behauptete, eine Meditationstechnik entwickelt zu haben, die jeden dazu befähige, sich direkt in den Himmel zu „übersetzen" (*translate*). Sie schrieb ein Buch darüber mit dem Titel: *Ye Are Gods*.

Es war auch ihr gelungen, eine große Zahl von Anhängern um sich zu scharen – sie verschwand aber plötzlich im Jahr 1952. Ihre Kleider wurden in ihrem Zimmer gefunden, aber sie selbst war zunächst spurlos verschwunden. Ihr Mann *Reason Skarin* entschwand auf ähnlicher Weise bald danach.

Das Gerücht verbreitete sich in den amerikanischen *New-Age-*Kreisen, dass die Skarins in der Tat „übersetzt" worden waren und physische Unsterblichkeit erlangt hatten. Die Verkaufszahlen von Annalees Büchern stiegen dramatisch. Es wurde später entdeckt, dass die beiden sich lediglich in den Untergrund zurückgezogen hatten, in einer abgelegenen Gegend. Annalee Skarin starb eines natürlichen Todes im Jahr 1988, ihr Mann sechs Jahre zuvor. [8]

Vorwürfe gegen die Theosophen

Helena Blavatsky wurde bereits zu ihren Lebzeiten wiederholt des Betrugs bezichtigt, vor allem im Zusammenhang mit den Mahatma- oder Meister-Briefen. Ihre Kritiker äußerten mehrmals die Vermutung, dass die Existenz der Meister, welche sie als die okkulten Kommunikatoren der Inhalte der Briefe zitierte, reine Phantasie sei und dass Blavatsky selbst oder andere in der Theosophischen Gesellschaft die wahren Verfasser der Briefe wären. Andere Forscher vermuten, dass die diversen Geschichten um die Meister-Briefe dazu dienten, die Identitäten der realen menschlichen Lenker ihrer Arbeiten zu verbergen.

Noch schwerwiegender waren jedoch die Vorwürfe, die von mehreren Gelehrten am Ende des 19. Jahrhunderts erhoben und am ausführlichsten von dem Spiritisten *William Emmette Coleman* artikuliert wurden. Im Jahr 1895, nur wenige Jahre nach Blavatskys Tod, beschuldigte Coleman sie, einen großen Teil ihrer Hauptwerke plagiiert zu haben. Er konnte etwa 2000 plagiierte Passagen allein in *Isis Entschleiert* identifizieren und belegen, dass diese von etwa 100 zeitgenössischen Werken über Okkultismus, Mythologie und exotischen Religionen abgeschrieben waren.[9]

In seinem Blavatsky-Sammelband bestätigte der bedeutende Gelehrte *Nikolaus Goodrick-Clarke,* Professor der westlichen Esoterik an der Universität von Exeter, den Wert von Colemans Untersuchungen mit der Feststellung, dass sie die Identifizierung der Quellen, die Blavatsky verwendet hat, ermöglicht hatte. Er verteidigte die fehlende Offenlegung ihrer Quellen jedoch mit der Bemerkung, dass dies höchstwahrscheinlich auf ihre mangelnde Vertrautheit mit akzeptierten Praktiken in der Wissenschaft und der akademischen Forschung zuzuschreiben wäre.[10]

Die Schlussfolgerungen von Coleman und Goodrick-Clarke werfen dennoch Zweifel auf Blavatskys Behauptungen, dass die Urheber des größten Teils ihrer Lehren die mystischen Meister der Alten Weisheit waren.

Benjamin Creme und Share International

„… Maitreya ist der geheime Name des fünften Buddha und der Kalki Avatar der Brahmanen – der letzte Messias, der auf dem Höhepunkt des Großen Zyklus kommen wird."[11]

H. P. Blavatsky

Benjamin Creme ist der prominenteste zeitgenössische Verbreiter der theosophischen Lehren.

„Das große Ziel dieser Zusammenkunft ist, den Weg für das Kommen des neuen Messias zu bereiten – oder, wie wir in theosophischen Kreisen sagen sollten, die nächste Ankunft des Herrn Maitreya, als ein großer spiritueller Lehrer, der eine neue Religion bringt ... eine Lehre, die die anderen Religionen vereinen wird.“[12]

C. W. Leadbeater

Benjamin Creme ist 1922 in Glasgow, Schottland, geboren. Er interessierte sich bereits in seiner Jugend für Esoterik und insbesondere für die Schriften von H.P. Blavatsky und die Theosophische Gesellschaft sowie für die Veröffentlichungen von Alice A. Bailey. So erfuhr er von den Meistern der Alten Weisheit und den Lehren der Theosophen über die erwartete Wiederkehr des Weltlehrers, den sie *Maitreya* nannten – offenbar eine aus der buddhistischen Tradition entliehene Bezeichnung.[13]

Creme berichtet davon, dass er 1959 von einem der Meister der Weisheit – der später Cremes persönlicher Meister werden sollte – telepathisch kontaktiert wurde. Der Meister sollte ihn davon unterrichtet haben, dass Maitreya in etwa 20 Jahren zurückkehren und dass Creme eine Rolle bei diesem Ereignis spielen würde. Er wurde von seinem Meister für diese Aufgabe mehrere Jahre vorbereitet und hielt seine erste öffentliche Rede im Jahr 1974.

Seine Vortragstätigkeit erstreckt sich mittlerweile über alle Kontinente. Seine Bücher wurden in sieben Sprachen übersetzt und die von seiner Organisation *Share International* (engl. *share* = „teilen“) herausgegebene Zeitschrift wird in mehr als 70 Ländern gelesen.

Nach Benjamin Creme lebt Maitreya seit 1977 bereits in London, allerdings noch im Verborgenen. Im Frühjahr 1982 platzierte Creme Anzeigen in Zeitungen auf der ganzen Welt mit der Überschrift: „Der Christus ist jetzt hier.“ Creme erklärte in diesen Zeitungsanzeigen, dass Maitreya, der Christus, seine Existenz bald weltweit mittels Fernsehsendungen bekannt geben würde und dass dieses zweite Kommen Christi am Montag, dem 21. Juni 1982, stattfinden würde. Am 14. Mai desselben Jahres hielt Benjamin Creme eine Pressekonferenz in Los Angeles, die von über 90 Mitgliedern diverser Medien besucht wurde.

Nach Maitreyas Nichterscheinen 1982 machte Creme in den folgenden Jahren eine Reihe von weiteren Vorhersagen und Ankündigungen vom bevorstehenden Erscheinen Maitreyas, basierend auf telepathischen Botschaften seines Meisters.

Im Jahr 1997 wurde die gleiche Prozedur wiederholt wie 1982. Diesmal gab es weit weniger Medieninteresse. Am 14. Januar 2010 gab Benjamin Creme bekannt, dass Maitreya an demselben Tag sein erstes TV-Interview im US-Fernsehen gegeben hätte. Dieses angebliche Interview wurde allerdings von niemandem wahrgenommen.

Benjamin Creme erzählt seinen Anhängern, dass Maitreya sich regelmäßig und unerwartet zeigt – allerdings unauffällig, da er verschiedene Erscheinungsformen annimmt, sodass nur besonders aufmerksame Beobachter ihn erkennen könnten.

In der monatlich erscheinenden *Share-International*-Zeitschrift werden zahlreiche Leserbriefe abgedruckt, die von Begegnungen mit seltsamen Menschen berichten – ein weiser Obdachloser oder ein auffallend laut klatschender Vortragsbesucher etwa. Die Absender stellen die Frage, ob die außergewöhnliche Person Maitreya in Verkleidung gewesen sein könnte. Nach diesen Fragen steht dann immer eine bejahende Antwort. Zeitweise kommt die Variante, dass es der Meister Jesus war. [14]

Interessenten, die nach einigen Jahren Verdacht schöpften, dass es bei der ganzen Sache nicht mit rechten Dingen zugehen könnte, haben zur Kontrolle frei erfundene Sichtungsgeschichten an die Zeitschrift geschickt. Als Antwort erhielten sie den üblichen bejahenden Standardsatz: „Benjamin Cremes Meister bestätigt, dass der … Mann Maitreya war."[15]

Die Vermutung liegt nahe, dass die Existenz des angeblichen „Maitreyas" genauso frei erfunden ist wie die obigen Kontrollgeschichten.

„Channeling"

Möglicherweise folgen manche Theosophen dem Rat Platons, dessen Philosophie von ihnen besonders geschätzt wird und der in seinem *Politeia* [„Der Staat"] den Einsatz von „edlen Lügen" befürwortet. Demnach ist es gerechtfertigt, das Volk zu täuschen, wenn dies im Dienste des Gemeinwohls notwendig oder nützlich ist. [16]

Aber auch wenn kein absichtlicher Betrug im Spiel ist, könnten die zeitweise widersprüchlichen oder zumindest nicht verifizierbaren Angaben, die im Zusammenhang mit dem Aufstiegsphänomen auftreten, der Methode des „*Channelns*" zugesprochen werden. Wie wir gesehen haben, behaupten die Theosophen und Lehrer der Aufgestiegene-Meister-Religionen, ihre Informationen mittels medialer Durchgaben oder auf telepathischem Weg erhalten zu haben. Auch wenn dies stimmt, ist es keine Garantie dafür, dass die vermittelten Auskünfte gänzlich oder auch nur teilweise der Wahrheit entsprechen.

Menschen, die zum ersten Mal durch mediale Durchgaben vermitteltem (im modernen Sprachgebrauch wird der aus dem Englischen entliehene Ausdruck „*gechannelt*" häufig verwendet) Material begegnen, sind von den teilweise geistig hochwertigen und meistens spirituell hilfreichen Inhalten sehr beeindruckt. Die Tendenz ist, sich diesen Informationen gänzlich zu öffnen und sie unkritisch aufzunehmen, mitunter wegen der außerordentlichen und scheinbar wundersamen Weise, wie sie vermittelt wurden. Umso größer ist die Verwirrung, wenn der Leser, möglicherweise erst nach einigen hundert oder mehr Seiten, plötzlich auffallende Irrtümer entdeckt.

Seit H.P. Blavatsky und die ersten Theosophen die Methode des Channelns wiederentdeckt und populär gemacht haben – die Begeisterung hält bis heute noch an –, sind mehrere Dutzend Channel-Medien und Propheten in Erscheinung getreten, die Hunderte von Büchern publiziert haben. Der Großteil enthält wertvolle und hilfreiche Informationen, die sich jedoch des Öfteren gegenseitig widersprechen. Andere Quellen wiederum erweisen sich als durchaus fehlerhaft, wenn nicht gar negativ.

Edgar Cayce, das berühmte amerikanische Medium, gibt in seinen „*Readings*" genauen Anweisungen darüber, wie man gechannelte Botschaften beurteilen und nutzen soll. Er betont vor allem, dass man das Medium auf seine Aufrichtigkeit und Lebensart prüfen soll, ganz nach dem Prinzip „Gleiches zieht Gleiches an". Ein Mensch wird „Wesenheiten" anziehen, die seinem eigenen Wesen entsprechen. Das Wichtigste, sagt Cayce, ist, dass jeder sein eigenes spirituelles Ideal und Maß findet, wonach er alles beurteilen kann.[17]

Das Fazit

*Der Stein, den die Bauleute verworfen haben,
ist zum Eckstein geworden.*

Psalm 118: 22

Das Fazit aus Vorstehendem ist, nachdem wir alle bekannten Aufstiegsüberlieferungen, Traditionen, Legenden, Mythen und Behauptungen betrachtet haben, dass es kaum eine Handvoll unter den genannten Persönlichkeiten und Wesen gibt, deren Existenz historisch oder anderswie objektiv nachweisbar wäre.

Unter dieser Handvoll gibt es wiederum nur ein einziges Individuum, für das wir, zusätzlich zu klaren historischen Belegen dafür, dass der Betreffende als Mensch tatsächlich gelebt hat, auch konkrete physische Hinweise haben, die auf die Möglichkeit seines Aufstiegs hindeuten* – und das ist Jesus von Nazareth, der von seinen Schülern und Anhängern als der *Christus* oder *Messias* erachtet wurde. Ihm haben die Lehrer der Aufgestiegenen-Meister-Religionen großzügigerweise – möglicherweise widerwillig, aber immerhin doch – Einlass in ihr Pantheon von Aufgestiegenen Wesen gewährt, wenn auch nicht auf der höchsten Ebene.

---

* Es handelt sich hierbei um das berühmte *Turiner Grabtuch*
von dem wir in einem späteren Kapitel ausführlich sprechen werden.[18]

Kapitel 4
Der Messias

Es wird den Lesern sicherlich aufgefallen sein, dass wir bei den Aufstiegstraditionen mehrmals Darstellungen von aufgestiegenen Heiligen begegnet sind, denen messianische Eigenschaften zugesprochen wurden. So gut wie alle Religionen pflegen messianische Traditionen. Bei keiner anderen Religion ist dies jedoch so stark ausgeprägt wie beim Judentum und Christentum.

Das Wort „Messias" selbst ist biblischen, also jüdisch-christlichen Ursprungs. Es stammt vom hebräischen Wort *Moschiach* ab, das „der Gesalbte" bedeutet. Es ist dasselbe Wort, das im Griechischen *Christos* lautet. Im Deutschen benutzen wir das Wort „Christus". Dieses hat also nichts mit dem Kreuz zu tun, wie man leicht annehmen könnte, sondern entstammt dem griechischen Wort *Christos*, das eine Übersetzung des hebräischen *Moschiach*, „der Gesalbte", ist. Die Worte „Messias" und „Christus" sind also, genau genommen, in ihrer Bedeutung identisch.

Die Rolle des Messias in der jüdisch-christlichen Tradition schließt alles ein, was wir traditionell mit dem Messiaskonzept in Verbindung bringen, geht aber noch weiter über dieses hinaus. Der Messias ist also derjenige, der am Ende der gegenwärtigen Menschheitsepoche – wie es in den verschiedenen Religionen dargestellt wird – die Erneuerung der Welt herbeiführen soll.

Er wird, wie wir bereits gesehen haben, als der „Beschützer der Religion" beschrieben, der eine Wiederbelebung des Glaubens bewirken oder das reine *Dharma* lehren wird; der zu einer Zeit des Umbruchs und des Chaos erscheinen wird, um die Ordnung im Himmel und auf Erden wiederherzustellen und um ein Reich der Gerechtigkeit zu errichten.

Der jüdisch-christliche Messias wird aber auch als der Erste einer neuen Menschengattung beschrieben, der selber auf eine höhere Daseinsebene aufsteigt und der ganzen Menschheit ermöglichen wird, diese Stufe ebenfalls zu erreichen. Die biblische Prophetie sagt zudem einen weiteren Entwicklungsprozess voraus, der auch die Verwandlung des physischen Universums mit einbezieht.

Man könnte zusammenfassend behaupten, dass die gesamte „Heilige Schrift" der Juden und Christen – vom *Ersten Buch Mose* bis zur *Offenbarung des Johannes* – nichts anderes ist als eine Beschreibung dieses Entwicklungsprozesses; die Verwandlung einer primitiven, brutalen Menschheit in eine Gattung von erleuchteten Lichtwesen, die zusammen mit der physischen Dimension schlussendlich in eine höhere Daseinsform aufsteigen wird.

Dies alles wird in den historischen und ethischen, aber vor allem in den prophetischen Texten des Alten und Neuen Testaments mit einer Fülle von Einzelheiten ausführlich beschrieben. Bevor wir die für unser Thema relevanten Passagen genauer untersuchen, wäre es unerlässlich zu überprüfen, ob wir es mit einer zuverlässigen und glaubwürdigen Quelle zu tun haben – insbesondere da wir bei unserer Analyse mehreren außergewöhnlichen und gar fantastischen Beschreibungen begegnen werden.

Der Umgang mit „Heiligen Schriften"

Es wäre hier angebracht, einige Überlegungen, was den Umgang mit den sogenannten „Heiligen Schriften" anbelangt, zu erwägen. So gut wie alle Religionen besitzen schriftliche Überlieferungen, die sie als besonders heilig erachten. Die streng fundamentalistischen Anhänger dieser Religionen betrachten ihre Heiligen Schriften als das unfehlbare und alleingültige „Wort Gottes" – ihre Texte vermitteln demnach die Wahrheit, während die Schriften anderer Religionen eher fragwürdig sind.

Kritiker, die dieser Haltung nichts abgewinnen können, machen auf die zahlreichen unklaren Formulierungen, Widersprüche oder Irrtümer aufmerksam, die in den Heiligen Schriften zu finden sind. Sie vertreten die Meinung, dass es sich bei den heiligen Texten um nichts anderes als eine Sammlung von Sagen und Legenden handelt – allerdings teilweise mit wertvollen Unterweisungen gespickt –, aber keineswegs um das direkt übermittelte Wort Gottes.

Die Geistlichen und Mitglieder der verschiedenen religiösen Hierarchien beschäftigen sich wiederum damit, die Schriften für die Gläubigen zu interpretieren, damit diese von den zahlreichen Diskrepanzen in den Lehren nicht verwirrt werden und an der unfehlbaren Richtigkeit ihres Glaubens nicht zweifeln.

Zwischen den zwei extremen Haltungen liegt die Wahrheit vermutlich irgendwo in der Mitte. Der Apostel Petrus schreibt in einem seiner Briefe:

„Denn es ist noch nie eine Weissagung aus menschlichem Willen hervorgebracht; sondern die heiligen Menschen Gottes haben geredet, bewegt von dem Heiligen Geist."

2 Petrus 1, 21

Eine großzügige Interpretation dieser Meinung könnte heißen, dass die Autoren der Bibel ihre Texte aus lauterer Motivation niederschrieben und darum bemüht waren, was sie in Visionen oder persönlich gesehen, erfahren oder verstanden haben, so wahrheitsgetreu, wie es ihnen möglich war, wiederzugeben – wie beispielsweise aufrichtige Zeugen bei einem Gerichtsprozess. Es können sich somit diverse Aussagen zum gleichen Geschehen voneinander unterscheiden, aber trotzdem alle wahrheitsgetreu sein.

Als passende Illustration dieser These bieten sich die vier kanonische Evangelien an. Alle vier erzählen die gleiche Geschichte, unterscheiden sich aber in vielen Punkten voneinander.

Extraterrestrische Einflüsse

Bei einer anderen Haltung wird die Meinung vertreten, dass die wahre Quelle und Inspiration für die Heiligen Schriften dem Einfluss von fortgeschrittenen extraterrestrischen oder extradimensionalen Wesen zuzuschreiben ist. Sie machen auf die wundersamen Beschreibungen, die in der Bibel zu finden sind, aufmerksam – z. B. die Kräfte der Bundeslade –, die vom Einsatz höherer Technologien zeugen.

Dies ist nicht so abwegig, wie es auf den ersten Blick erscheinen mag. Wenn wir die Möglichkeit in Erwägung ziehen – wie wir im ersten Kapitel bereits postuliert haben –, dass wir selbst irgendwann einen höheren Erkenntnisgrad erreichen und zu einer höheren Daseinsform aufsteigen können und uns dann damit beschäftigen werden, weniger entwickelte Seelen in ihrer Evolution zu unterstützen, warum sollten wir nicht selber irgendwann auch einmal solche Hilfe erfahren haben?

Stellen wir uns vor, dass Individuen aus einer fortgeschrittenen Zivilisation auf einen Planeten wie unseren vor einigen tausend Jahren kämen. Sie würden Völker vorfinden, die sich gegenseitig bekriegen, von diversen Krankheiten geplagt sind und sich allerlei Leid und Elend zufügen – dies alles mangels ausreichender Kenntnisse der universellen Prinzipien und Gesetze der Natur.

Stellen wir uns weiter vor, dass diese fortgeschrittenen Wesen den weniger Entwickelten mitleidvoll und wohlwollend gegenüberstünden und den Wunsch hätten, ihnen zu helfen. Sie würden diesen Völkern natürlich keinerlei technisches Wissen vermitteln, da die Primitiven dieses höchstwahrscheinlich in zerstörerischer Weise anwenden würden. Ihre erste Sorge wäre, den Erkenntnisgrad dieser Menschen zu erhöhen, vor allem was den zwischenmenschlichen Umgang sowie Hygiene und Gesundheit anbelangt.

Diese Völker würden natürlich bereits diverse Religionsformen und Gottesvorstellungen entwickelt haben. Da es illusorisch wäre zu erwarten, dass sie Zugang zu abstrakten psychologischen Konzepten oder Wissen über Mikrobiologie hätten, läge es auf der Hand, die bestehenden religiösen Begriffe, Vorstellungen und Systeme zu verwenden, um ihnen Erkenntnisse oder Unterweisungen zu vermitteln oder manche ihrer Verhaltensweisen zu beeinflussen. Dies müsste unter anderem in Form von Gleichnissen, verbunden mit Warnungen vor dem „Zorn Gottes", geschehen.

Es ist somit durchaus denkbar, dass auch unsere religiösen Konzepte auf ähnliche Weise vermittelte Gleichnisse sind, die wir teilweise zu wörtlich nehmen und deren dahinterliegende Prinzipien wir schwer begreifen.

Beispielsweise hinter den bekannten Bibelsätzen: *„Ich bin ein eifersüchtiger Gott ... ihr sollt keine Götter haben neben mir"* könnte der Sinn verborgen sein: „Die Gesetze der Natur sind universell anwendbar und dulden keine Ausnahmen."

Oder der Bibelspruch: „*... bei Gott dem Herrn ist kein Ansehen der Person*" drückt einfach aus, dass die universelle Gesetzmäßigkeit gleichermaßen gilt bei Klein und Groß, Reich oder Arm.[1]

Aber gleichgültig, welche Ansichten um die Ursprünge der Heiligen Schriften die besseren sind, besteht die Tatsache, dass diese Texte durch eine reichhaltige Fülle an äußerst wertvollen spirituellen, ethischen, historischen und praktischen Hinweisen und Unterweisungen die Menschheit über die Jahrtausende geführt und wesentlich bereichert haben. Dass diese Schriften ebenso lang als politische Machtinstrumente missbraucht wurden und fanatische Auslegungen erdulden mussten, mindert ihren intrinsischen Wert keineswegs.

Würden wir die Heiligen Schriften als eine belanglose Sammlung von erfundenen Geschichten abtun, liefen wir Gefahr, das Kind mit dem Bade auszuschütten. Ein äußerst wertvoller Schatz würde uns verloren gehen.

Die vernünftigste Vorgangsweise scheint daher, unser kritisches Denkvermögen eingeschaltet zu lassen, für die vermittelten Wahrheiten jedoch aufgeschlossen zu bleiben und nach wertvollen Hinweisen Ausschau zu halten, während wir uns mit religiös inspirierten Schriften, wie zum Beispiel den biblischen Texten, befassen.

Alter und Echtheit der Bibel

Die Prophezeiungen der Bibel sind in der Vielfalt und Genauigkeit ihrer Vorhersagen unübertroffen. Keine bekannte Quelle liefert so viele klare und sogar lebenswichtige Anhaltspunkte, was das Schicksal der Menschheit anbelangt.

Die Bibel ist mit Sicherheit auch eine der reichhaltigsten Quellen prophetischer Literatur. Mehr als einhundert Kapitel und Hunderte von Einzelpassagen sind fast ausschließlich prophetischer Natur. In den Büchern des Alten und Neuen Testaments findet sich eine derartig große Anzahl von detaillierten und gut verständlichen Fällen bereits erfüllter Prophezeiungen, dass die Gelehrten der letzten Jahrhunderte die traditionellen Datierungen der einzelnen Bücher in Zweifel gezogen haben. Der Verdacht lag nahe, dass die prophetischen Beschreibungen sich nur deshalb so ausführlich und präzise zeigen konnten, weil sie erst, nachdem die Ereignisse stattgefunden hatten, niedergeschrieben worden waren und nicht vorher.

Vor dem Hintergrund dieser Frage wird deutlich, dass ein wesentlicher Aspekt beim Studium biblischer Prophezeiungen darin besteht, die Zeitpunkte, wann diese tatsächlich verfasst wurden, so genau wie möglich festzustellen.

Der Fund von Qumran

In den vergangenen Jahrzehnten wurden in Hinsicht auf die genaue Datierung der Bücher der Bibel große Fortschritte gemacht. Den herausragendsten Beitrag zu diesem Fortschritt lieferte eine geradezu monumentale archäologische Entdeckung: der Fund von über 2000 Jahre alten biblischen Manuskripten in den Höhlen von *Qumran*, nahe dem Toten Meer in Israel. Die ersten Funde gab es 1947; die bisher letzten Mitte der 1960er Jahre.

Diese *Schriftrollen vom Toten Meer,* wie sie allgemein bezeichnet werden, bestehen aus mehr als 400 Manuskripten, die im Wesentlichen

das gesamte Alte Testament enthalten. Die Texte wurden mit den hebräischen Bibeltexten verglichen, die heute noch in Gebrauch sind und auf denen unsere modernen Bibelübersetzungen zum größten Teil beruhen. Abgesehen von geringfügigen Abweichungen, die bei handschriftlichen Übertragungen erwartet werden können, sind sie inhaltlich mit den heutigen Bibeln identisch.

Die große Bedeutung der Rollen von Qumran wurde sofort erkannt und die hervorragendsten Historiker und Archäologen aus aller Welt begannen sich unter Einsatz modernster Technik mit der Datierung der Manuskripte zu befassen. Eine überwältigende Mehrheit der Untersuchungen deutet auf eine vorchristliche Entstehungszeit hin; die

Der Fund von über 2000 Jahre alten biblischen Manuskripten in den Höhlen von *Qumran* war eine monumentale archäologische Entdeckung.

ältesten Rollen dürften zwischen 375 und 300 v. Chr. niedergeschrieben worden sein. Es ist logisch anzunehmen, dass das abgeschriebene Ausgangsmaterial, das die Rollen beinhalten, noch älter ist als die Rollen selbst. Das würde die traditionelle Datierung der biblischen Bücher untermauern. Der renommierte Bibelarchäologe *Charles F. Pfeiffer* schreibt dazu:

„Die Rollen von Qumran sind Jahrhunderte jünger als ihre Originale. Sie sprechen für eine wesentlich ältere Datierung der Bibel, als manche zugeben wollen. Wir verfügen nicht nur über Manuskripte aus dem 2. vorchristlichen Jahrhundert; sondern diese Manuskripte lassen es auch offensichtlich erscheinen, dass ihnen eine lange Textüberlieferung vorausgegangen ist. Voneinander unterschiedliche Texte und Textfamilien sind beredte Zeugen für das Alter der ihnen zugrunde liegenden Originale. Während ein genaues Entstehungsdatum durch solche Indizien nicht festgelegt werden kann, kann der altertümliche Ursprung der Dokumente aber nicht ernsthaft in Frage gestellt werden." [2]

Mit anderen Worten: Auch wenn uns die zum Teil mehr als 3000 Jahre alten Originale der ersten Bücher der Bibel nicht mehr gegenständlich zur Verfügung stehen, untermauern die vorliegenden Fakten die traditionelle Datierung der biblischen Bücher eindeutig (die *Bücher Mose* beispielsweise ca. 1500 v. Chr.; das *Buch Jesaja* ca. 800 v. Chr.; das *Buch Daniel* ca. 600 v. Chr.). Es bestehen somit keine berechtigten Zweifel daran, dass die Prophezeiungen des Alten Testaments lange vor ihrer Erfüllung niedergeschrieben worden sind.

Die Schriftrollen vom Toten Meer bestehen aus mehr als 400 Manuskripten, die im Wesentlichen das gesamte Alte Testament enthalten.

Die messianischen Prophezeiungen

Eine ungewöhnlich hohe Anzahl an Prophezeiungen des Alten Testaments berichtet über den kommenden Messias. Sie bezeichnen den Ort seiner Geburt, seine Herkunft, Einzelheiten seines Wirkens, den Verrat an ihm (durch wen und auf welche Weise), dass er gekreuzigt werden würde und selbst das Jahr seiner Kreuzigung.[3]

Einige dieser Prophezeiungen beschreiben den „Gesalbten" als einen Retter, der das Königreich Gottes nicht nur in spirituellem, sondern auch in physischem Sinne errichten würde. Da Letzteres sich in Jesus von Nazareth nicht erfüllte, waren die meisten Schriftgelehrten und religiösen Führer der frühchristlichen Zeit nicht bereit, die Interpretation zu akzeptieren, er sei dieser „gesalbte Fürst" gewesen. Jesus errichtete „nur" ein spirituelles Königreich, obwohl er nach Zeugnissen des Neuen Testaments angekündigt hatte, er würde zurückkehren, um auch ein physisches Königreich zu errichten.

Die prophetischen Texte befassen sich mit der sozio-politischen Entwicklung der Menschheit ebenso wie mit der spirituellen. Im Grunde genommen gibt es in Wirklichkeit keinen Unterschied, da das Physische eine Manifestation des Spirituellen ist. Die Autoren der Bibel gaben sich aber viel Mühe, beide Aspekte zu erläutern. Die Voraussagen von den global-politischen Entwicklungen – der Aufbau einer repressiven sozialistischen Weltregierung, die Einführung des bargeldlosen Zahlungssystems, der Identität des sogenannten „Antichristen", die Bedeutung der Zahl 666 und verwandte Themen – haben wir in unserer „Zeitenwende"-Reihe (Buch und DVDs)[4] bereits ausführlich besprochen. Wir werden uns im Folgenden daher vordergründig den Voraussagen über die spirituelle Evolution der Menschheit widmen.

Die Schüler und Anhänger Jesu von Nazareth waren mit den Prophezeiungen des Alten Testaments vertraut und sie glaubten, aufgrund der prophetischen Beschreibungen, in Jesus den verheißenen Messias zu erkennen. Die Zeugnisse des Neuen Testaments über Jesus von Nazareth erfüllen die alttestamentlichen Prophezeiungen bis ins kleinste Detail. Das führte manchen Skeptiker zu dem Schluss, dass die frühchristlichen Autoren ihre Berichte so geschrieben hätten, dass sie ins Bild der Prophezeiungen passten. Die neutestamentlichen Berichte können schließlich nur zum Teil durch historische, archäologische und andere „neutrale" Quellen belegt werden.

Unter den Historikern herrscht jedoch wenig Zweifel darüber, dass Jesus von Nazareth tatsächlich als historische Figur existiert hat. *Josephus Flavius*, ein jüdischer Geschichtsschreiber des ersten nachchristlichen Jahrhunderts, erwähnt ihn. *Thallus*, ein Nichtjude, verleiht ebenfalls im 1. Jh. n. Chr. in einem Brief an *Julius Africanus* seinem religiösen Skeptizismus Ausdruck; er sei der Ansicht, dass die ungewöhnliche Sonnenfinsternis, die sich zur Zeit der Kreuzigung Jesu von Nazareth ereignete, bloßer Zufall und kein Anzeichen für einen göttlichen Eingriff war. Auf diese Weise bestätigt er jedoch die historische Existenz Jesu ebenso wie die neutestamentlichen Zeugnisse, welche die Sonnenfinsternis erwähnen.

Im Allgemeinen aber finden sich bei Zeitgenossen nur wenige Erwähnungen der Person Jesu von Nazareth. Der Grund dafür ist vermutlich, dass er zu seiner Zeit kaum ernst genommen und sein Einfluss bei Weitem unterschätzt wurde. Als die Zahl seiner Anhänger aber zunahm, wurde er auch entsprechend öfter erwähnt. Bekannte frühe Zeugnisse stammen von *Plinius dem Jüngeren* aus dem Jahre 59 n. Chr., dem namhaften Historiker *Tacitus* 64 n. Chr. sowie von *Sueton* 125 n. Chr. [5]

Das bedeutendste Beweisstück jedoch, dass die messianischen Prophezeiungen des Alten Testament und die Berichte des Neuen Testaments untermauert, ist ein uraltes Artefakt, das in den letzten

40 Jahren einer ungewöhnlich langen Reihe von äußerst sorgfältigen wissenschaftlichen Untersuchungen unter Einsatz der modernsten technologischen Mittel unterzogen wurde – das sogenannte „*Turiner Grabtuch*".

Die Informationen, die aus diesen Erforschungen gewonnen wurden, stützen nicht nur die biblischen messianischen Darstellungen, sondern liefern auch besonders überzeugende Hinweise, die auf die Realität des Aufstiegphänomens generell hindeuten.

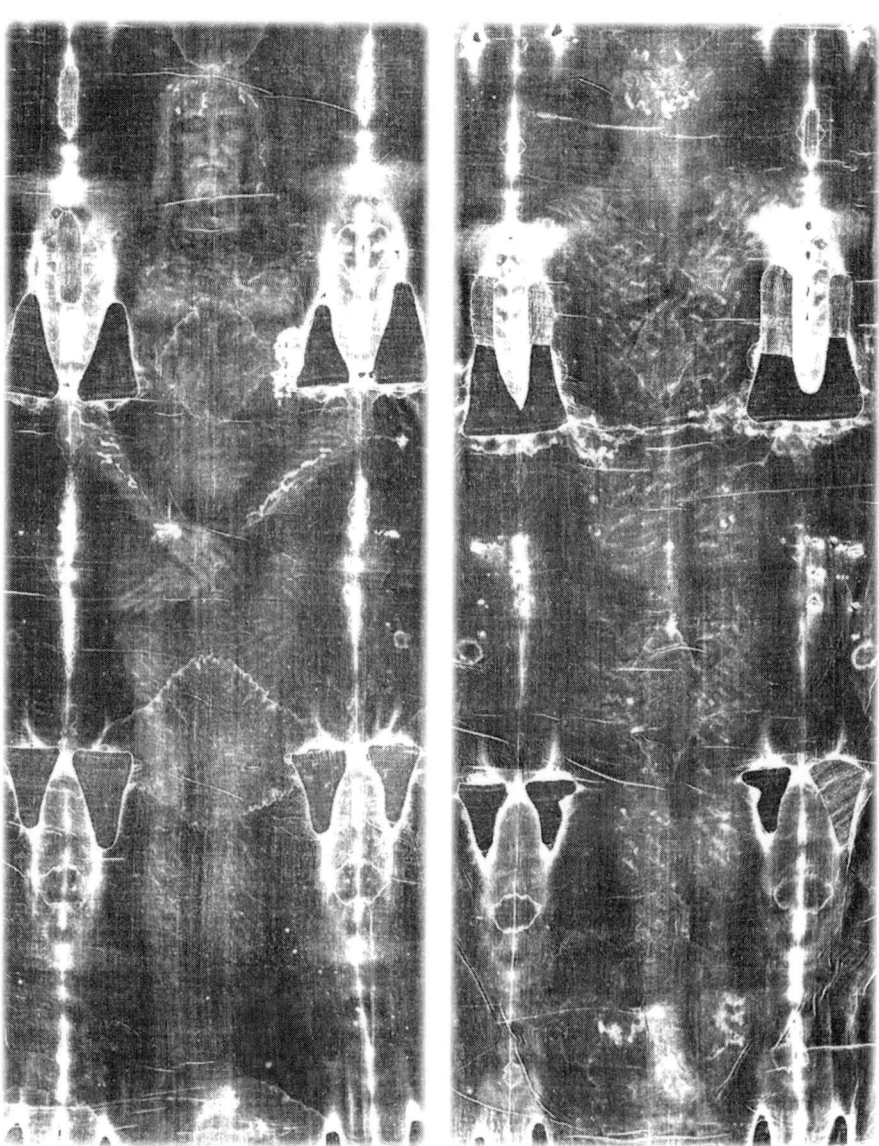

Schwarzweiß-Negativ – fotographische Darstellungen des
Turiner Grabtuchs, vordere und hintere Ansicht.

Kapitel 5
Das Turiner Grabtuch

Millionen von Gläubige weltweit waren zutiefst schockiert und erschüttert, als sie im Oktober 1988 die Nachrichten hörten oder die Schlagzeilen in den Zeitungen lasen: *„Testergebnis zeigt: Das Turiner Grabtuch ist eine mittelalterliche Fälschung."*

Wochen waren vergangen, währendderen die internationale wissenschaftliche Gemeinschaft die Testergebnisse der Radiokohlenstoff-Datierung auswertete, die in der Folge von den ausführenden Labors veröffentlicht wurden. Erst dann schlugen die Alarmglocken. Mehrere Testanomalien warden entdeckt worden; das Vorhandensein von signifikanten Mengen an Fremdmaterial, vor allem Baumwolle, sowie ungewöhnliche chemische Rückstände hatte man in den Testproben festgestellt. Wieso kam Baumwolle in dem Stoff vor, wenn das Grabtuch bekanntlich aus Leinen gefertigt wurde? Und was waren diese Chemikalien, die sonst nirgendwo auf dem Grabtuch vorhanden sind?

Es wurde zudem beanstandet, dass die vorgegebenen Anweisungen, wie die Tests durchzuführen wären, nicht befolgt worden waren. Die drei Labors arbeiteten nicht unabhängig voneinander, sondern tauschten während der Prozedur Informationen untereinander aus. Die Testvorgaben sahen zudem vor, dass die Labors mehrere Proben zur Verfügung gestellt bekommen sollten, die aus verschiedenen Teilen des Tuches zu entnehmen wären. Stattdessen erlaubten die päpstlichen Hüter des Turiner Grabtuchs nur, dass Material ausschließlich aus einem einzigen Bereich ausgeschnitten wurde – und zwar aus einer Ecke, die während eines Feuers im 16. Jh. beschädigt und anschließend restauriert wurde.

Kritiker warfen der päpstlichen Behörde vor, dies absichtlich getan zu haben, damit keine eindeutigen Testergebnisse erzielt werden konnten. Die Nichteinhaltung der wissenschaftlichen Vorgangsweise wäre allerdings eventuell auch nur einem einfachen Denkfehler zuzuschreiben. Da das entnommene Material während des Testvorgangs verbrannt, also zerstört wird, wollten die Zuständigen aus dem Vatikan das Grabtuch womöglich vor unnötigen Beschädigungen lediglich schützen und entschieden sich dafür, nur eine einzige Probe zur Verfügung zu stellen – und dies aus einem Bereich, der ohnehin bereits beschädigt war –, nicht ahnend, dass dieser Teil des Tuches

Mehrere Anomalien – unter anderem das Vorhandensein von signifikanten Mengen an Fremdmaterial sowie ungewöhnliche chemische Rückstände – wurden bei den 1988 durchgeführten Radiokohlenstoff-Datierung-Tests entdeckt.

erhebliche Mengen an Fremdmaterial beinhaltete – bis zu 60 %, wie sich herausstellte.

Dieser große Fremdmaterialanteil erklärt übrigens eine weitere Anomalie, die bei den Testproben entdeckt wurde; es wurde festgestellt, dass sie pro Quadratzentimeter etwa doppelt so viel wogen wie das übrige Grabtuch. Das Material, das die Restauratoren im 16. Jh. zu der beschädigten Ecke hinzuwoben, wurde zudem anschließend eingefärbt, um es dem umgebenden Leinen optisch anzupassen. Das Vorhandensein der fremden chemischen Rückstände ist diesem Vorgang zuzuschreiben. [1]

Dr. Raymond N. Rogers vom *Los Alamos National Scientific Laboratory* der Universität von Kalifornien fasst die wissenschaftlichen Befunde wie folgt zusammen:

„Die kombinierten Belege aus chemischer Kinetik, analytischer Chemie, der Baumwollanteil und die Pyrolyse/MS beweisen, dass das Material des Radiokarbon-Testbereiches von dem Hauptteil des Tuchs signifikant verschieden war. Die Radiokarbon-Probe war somit ungeeignet für die Bestimmung des Alters des Grabtuchs." [2]

Dr. Ronald Hatfield vom *Beta Analytic* Radiokohlenstoff-Datierungslabor ist jedoch der Meinung, dass die Radiokarbon-Testergebnisse des Jahres 1988 nicht ganz nutzlos sind. Nach seiner Einschätzung wurden genug der neueren Fäden identifiziert, um Folgendes ausrechnen zu können: Wenn man die Menge des im 16. Jahrhundert hinzugewobenen Stoffes in die Kalkulation [der ausgewiesenen Jahresangaben] mit einbezieht, ergibt dies eindeutig, dass das Leinen des Grabtuchs tatsächlich aus dem 1. Jahrhundert – also aus der Zeit Jesu – stammen müsste. [3]

So fleißig die Medien auch waren, die Pressemitteilungen von den fehlerhaften Testergebnissen zu verbreiten, schienen sie weit weniger enthusiastisch zu sein, als es Zeit war, die Gegenbeweise bekannt zu geben. Von diesen wurde äußerst spärlich berichtet, falls überhaupt. So wurde die Weltöffentlichkeit bis zum heutigen Tag in dem Glauben gelassen, dass die Radiokarbon-Testergebnisse erwiesen hätten, dass das Grabtuch eine mittelalterliche Fälschung sei.

Es ist nicht sehr wahrscheinlich, dass der Vatikan einen weiteren Radiokohlenstoff-Datierungsversuch – oder auch andere wissenschaftliche Untersuchungen – zulassen wird. Wissenschaftlichen Teams wird der Zugang zum Grabtuch sehr selten gewährt – in den letzten 80 Jahren gerade drei Mal. (Eine ausführliche Untersuchung fand nur 1978 statt.)

Das Tuch wurde 2002 zudem – zur großen Verblüffung und zum Entsetzten der internationalen wissenschaftlichen Gemeinschaft – einer „kosmetischen Behandlung" unterzogen. Die Falten wurden geglättet und das Leinen wurde chemisch behandelt, um es vor Verwesung zu schützen (nachdem es eine 2000 Jahre lange Geschichte von abenteuerlichen Hantierungen und schlechter Lagerung relativ schadlos überstanden hatte). Unter Verwendung der Ausdrucksweise von forensischen Experten: Der Tatort wurde somit verunreinigt.

Aber es war bereits genug Information gesammelt worden, um auch ohne weitere Untersuchungen feststellen zu können, ob das Grabtuch eine Fälschung sein könnte.

„Grablegung Christi". Detail aus einer Miniatur von Giovanni Battista della Rovere, ca. 1625.

Das Turiner-Grabtuch-Forschungsprojekt

Die folgenden Ausschnitte entstammen einem Artikel von Kenneth F. Weaver, wissenschaftlicher Redakteur des *National Geographic Magazine*. Der Artikel berichtet über das *Turiner-Grabtuch-Forschungsprojekt* aus dem Jahr 1978, in dessen Rahmen die möglicherweise eingehendsten Untersuchungen, denen irgendein Artefakt jemals unterzogen wurde, stattgefunden haben.

Zu der internationalen Gruppe von Wissenschaftlern, die daran teilnahmen, zählten Vertreter der modernsten technischen Institute der Welt:

> *Lockheed Corporation, US Air Force Weapons Laboratory,*
> *Brooks Institute, Oceanographic Services Incorporated,*
> *Los Alamos National Scientific Laboratory,*
> *Nuclear Technology Corporation, Oriel Corporation,*
> *New England Institute, US Air Force Academy,*
> *Jet Propulsion Laboratory, Sandia Laboratories,*
> *Santa Barbara Research Center* und andere mehr.

Jener Artikel, der in der Ausgabe des *National Geographic* vom Juni 1980 erschien, trug den Titel *Die Wissenschaft sucht das Rätsel des Grabtuches zu lösen*. Hier einige Auszüge[4]:

„Dieses wohlgehütete Stück Leinen, ein Objekt der Verehrung für Millionen von Menschen, ist eines der wunderbarsten Rätsel der Neuzeit. Tatsächlich ist es zum Mittelpunkt einer intensiven wissenschaftlichen Untersuchung geworden, die sich wie ein Kriminalroman liest. Der alles überragende Anhaltspunkt ist die bemerkenswerte Abbildung auf dem Tuch selbst, ein lebensgroßes, geisterhaftes Abbild eines nackten bärtigen Mannes mit langem Haar. Das Gesicht, mit einem spukhaft gelassenen Ausdruck noch im Tode, würde als Kunstwerk seinen Meister loben.

Der Körper ist anatomisch korrekt und trägt die entsetzlichen Wunden der Geißelung, Kreuzigung und Durchbohrung – möglicherweise durch Dornen und eine Lanze. Es scheint, als wäre es ein Portrait des Jesus von Nazareth, unheimlich präzise, wenn man es mit den Zeugnissen der Evangelien vergleicht. Tatsächlich glauben einige, dieses Stück elfenbeinfarbenes Leinen sei eben jenes Tuch, das Joseph von Arimathäa vor nahezu 2000 Jahren unter und über den Leichnam Jesu gelegt habe."

Die Reiseroute des Grabtuchs

Die früheste historische Erwähnung des Turiner Grabtuchs stammt bereits aus dem 1. Jahrhundert n. Chr. Eine Legende berichtet von der wundersamen Heilung des von Lepra geplagten Königs *Agbar V.*, der zu Lebzeiten Jesu in der kleinasiatischen Stadt *Edessa (Urfa)* regierte. Der König hörte von den Heilkräften eines als Messias geachteten israelitischen Propheten und schickte einen Gesandten zu ihm, um ihn zu sich zu bitten.

Seine Einladung wurde aber erst nach der Kreuzigung Jesu vom Apostel Thaddäus angenommen, der ein Tuch mitbrachte, das der Sage nach den Abdruck des „heiligen Antlitzes des Heilands" trug. Der König, so die Legende weiter, wurde von seiner Krankheit geheilt, sobald er das Bild sah. Er ließ sich taufen und auch ein Großteil der Bevölkerung der Stadt bekehrte sich in der Folge zum Christentum.

Edessa war in der Tat eine der frühesten christlichen Enklaven und Historiker erzählen von der Verehrung des *Mandylion Acheiropoíeton*; von

König Abgar V. mit dem Mandylion von Edessa.
Ikone aus dem 10. Jh., St. Katharinen-Kloster, Berg Sinai, Ägypten.

einem Tuch, „nicht mit Händen gemacht, welches das Bild unseres Herrn trägt". Das „Mandylion von Edessa" wurde als ein *tetradiplon* beschrieben – zweimal gefaltet in vier Teile –, sodass nur das Gesicht zu sehen war.

Als später ein neuer König, der der jungen Religion gegenüber feindlich eingestellt war, die Regentschaft Edessas übernahm, wurde das Tuch in den Stadtmauern versteckt und für mehrere Hundert Jahre dort vergessen. Im Jahr 525 n. Chr., während einer Restaurierung der Mauer, wurde es wieder entdeckt – glücklicherweise intakt. Als die Araber Edessa 639 eroberten, tolerierten sie – um keinen Volksaufstand zu provozieren – die Verehrung des „Heiligen Antlitzes", dessen Festtag bereits jahrhundertelang im ganzen Osten zelebriert wurde.

Als im Jahr 944 n. Chr. byzantinische Streitmächte Edessa angriffen, gaben sie die Belagerung nur unter die Bedingung auf, dass die Stadtverwaltung ihnen das *Mandylion* aushändigte. So kam das Grabtuch nach Konstantinopel, wo es fast 300 Jahre verehrt wurde, wie es aus zahlreichen Berichten von Historikern und Pilgern zu entnehmen ist.[5]

„Das Grabtuch erscheint nochmals auf der geschichtlichen Bühne in der Mitte des 14. Jahrhunderts, in der französischen Stadt Lirey. Sein Eigentümer war der berühmte Ritter Geoffrey de Charny *, Seigneur de Lirey.

Niemand weiß, wo und wie er zu der Antiquität kam, obwohl man von einer ‚Kriegsbeute' sprach. Robert de Clari, ein Historiker des vierten Kreuzzuges, hatte davon berichtet, 1203 in Konstantinopel ein Tuch gesehen zu haben, das ‚die Gestalt unseres Herrn' trug. Im folgenden Jahr, als die Kreuzritter die byzantinische Hauptstadt plünderten, war es verschwunden. ...

* Aus der selben Familie stammend wie der renommierte Tempelritter gleichen Namens.

** *Umberto II. von Savoyen,* (der letzte König von Italien), starb 1986 und vermachte das Grabtuch der katholischen Kirche, in „ewiger Betreuung" von Papst Johannes Paul II. und seinen Nachfolgern.

Aus etwas vage erscheinenden Gründen übergab 1453 Marguerite, die Enkelin de Charnys, ihren wertvollen Besitz Louis, dem Herzog von Savoyen. ... Von jenem Tag war das Tuch im Besitz des Hauses Savoyen. ** Herzog Louis ließ eine eigene Kirche in Chambéry errichten, die Sainte Chapelle, in der das Tuch aufbewahrt wurde. ...

Ein Vorfall in Chambéry im Jahre 1532 erlangt heute besondere Bedeutung. In der Sakristei der Sainte Chapelle brach ein Feuer aus. Bevor das Tuch sichergestellt werden konnte, tropfte geschmolzenes Silber von dessen Aufbewahrungsschatulle auf das Tuch nieder und versengte die Ecken. Das Wasser, mit dem man das Feuer löschte, hinterließ große, unschöne Flecken. Glücklicherweise wurde der größte Teil des Bildes verschont. ...

1578 ließ der Herzog von Savoyen das Tuch über die Alpen in seine neue Hauptstadt Turin bringen. ... Bis auf eine kurze Periode während des Zweiten Weltkrieges blieb es dort bis heute. ... 1978 wurde das Grabtuch anlässlich des Jubiläums seiner Ankunft in Turin öffentlich ausgestellt. ..."

Der Autor schreibt weiter:

„Ich hatte mich schon seit Langem mit Fälschungen befasst und mit den überraschend cleveren Methoden, mit denen die Wissenschaftler diese entlarven. Dieses Interesse führte mich nach Turin, um die vielleicht bedeutendste Reliquie der Christenheit unmittelbar in Augenschein nehmen zu können."

Er beschreibt sodann seinen ersten Eindruck des Tuches:

„Die Narbenlinien, Abdrücke der Brand- und Wasserflecken, die an das Feuer von 1532 erinnern, dominierten. Das Bildnis selbst, eine nebelhafte sepiafarbene Impression, schien ins Gewebe hinein zu verblassen, als ich es aus der Nähe betrachtete. Um Einzelheiten zu erkennen, musste man einen gewissen Abstand einhalten. Das Blut erschien dunkler als der Körper und war schärfer abgegrenzt: Spuren am Kopf und an den Armen, Flecken an der Seite, an den Handgelenken und den Füßen und eine Vielzahl von Striemen wie von einer Peitsche.

Am Ende der Striemen erschienen solche Rissquetschwunden, wie sie das ‚flagrum', eine römische Geißel, hervorgerufen haben kann: Seine Schnüre trugen an den Enden kleine Stücke aus Blei oder Knochen. Es war klar, dass die Figur auf dem Tuch eine gewalttätige und erniedrigende Behandlung erlitten hatte. Von meinem Standpunkt aus konnte ich nicht erkennen, ob das Tuch echt war oder eine Fälschung. Mit dieser Frage würden sich die Wissenschaftler auseinandersetzen.

Es war nicht die erste Begegnung des Tuches mit der Wissenschaft. 80 Jahre zuvor, im Jahr 1898, wurden die ersten Photographien der Reliquie angefertigt. Sie enthüllten das überraschendste der vielen Geheimnisse des Grabtuches.

Als der Photograph Secondo Pia seine ersten Plattennegative aus dem Entwicklungsbad nahm, um sie zu begutachten, hätte er sie beinahe vor Schreck wieder fallen lassen. Was er vor sich hatte, war nicht eine der üblichen wirklichkeitsfernen verwirrenden Negativabbildungen, sondern ein klares positives Abbild. ... Das Grabtuch erwies sich als Negativbild ... 2000 Jahren vor der Erfindung der Photographie. Die Vorstellung, dass das Grabtuch eine Fälschung sein könnte, verlor auf einmal an Glaubwürdigkeit. Wie hätte ein mittelalterlicher Künstler ein Negativabbild fertigen können, und vor allem wozu?

Erste forensische Untersuchungen

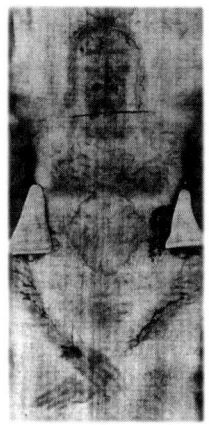

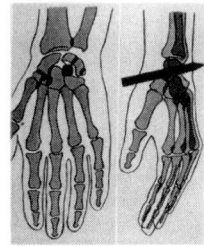

... Dr. Pierre Barbet*, ein bekannter französischer Chirurg, sah das Tuch und interessierte sich für die neuen Photographien, die 1931 von Giuseppe Enrie angefertigt worden waren. Barbet beabsichtigte, die anatomische Genauigkeit der Wundmale auf dem Tuch zu überprüfen, indem er mit Leichen experimentierte. Er fand bald heraus, dass Nägel in den Handflächen das Gewicht eines menschlichen Körpers nicht zu tragen vermögen. Andererseits würde ein Nagel im Handgelenk oder im Unterarm nicht ausreißen.

Diese Erkenntnis schien die Authentizität des Grabtuches zu bestätigen, denn die Wundmale der Nägel auf dem Tuch sind nicht in den Handflächen zu finden (wie wir es üblicherweise auf Kreuzigungsdarstellungen sehen können), sondern im Bereich der Handgelenke.

Es ist naheliegend, dass ein mittelalterlicher Fälscher seinem Bildnis das zugrunde gelegt hätte, was er auf Gemälden gesehen hatte und wovon die Evangelien sprechen: Wunden von Nägeln in den Händen. Es ist unwahrscheinlich, dass er gewusst hätte, dass das griechische Wort für Hand – cheir – auch das Handgelenk und den Unterarm einschließen kann.

... Archäologen, die ... im Jahre 1968 in Jerusalem einen Friedhof freilegten, ... fanden die Gebeine [eines anderen römischen Kreuzigungsopfers.] ... Der Nagel, der in den

* Dr. Pierre Barbet (1884–1961) war ein französischer Arzt und Chefchirurg am St.-Josephs-Krankenhaus in Paris. Barbet erklärte, dass seine Erfahrung u.a. als Schlachtfeld-Chirurg im Ersten Weltkrieg ihn zu dem Schluss geführt hatte, dass das Bild auf dem Grabtuch von Turin authentisch, anatomisch korrekt und im Einklang mit einer Kreuzigung war.

rechten Arm getrieben worden war, hatte nahe dem Handgelenk einen klar definierten Kratzer und eine abgeschabte Stelle an der Innenseite des Speichenknochens hinterlassen. Die Archäologie hatte den medizinischen Beweis, dass das Bild auf dem Tuch korrekt war, bestätigt."

Das Grabtuch verbirgt weitere anatomische Aufschlüsse, die erst durch moderne Untersuchungen zutage kamen und einem mittelalterlichen Fälscher kaum zur Verfügung gestanden hätten. Es konnte zum Beispiel festgestellt werden, dass das Eindringen des Nagels in das Handgelenk den Nerv, der die Bewegung des Daumens bestimmt, auf solche Weise verletzt, dass der Daumen sich unweigerlich zur Handmitte des Opfers zieht.

Dieses Phänomen des eingezogenen Daumens ist auf keiner der traditionellen künstlerischen Darstellung zu beobachten. Auf dem Grabtuch-Bildnis jedoch ist es klar zu erkennen.

Zudem sind bei den Blutspuren auf dem Tuch, die den Handwunden entstammen, verschiedene Abtropfwinkel zu sehen.

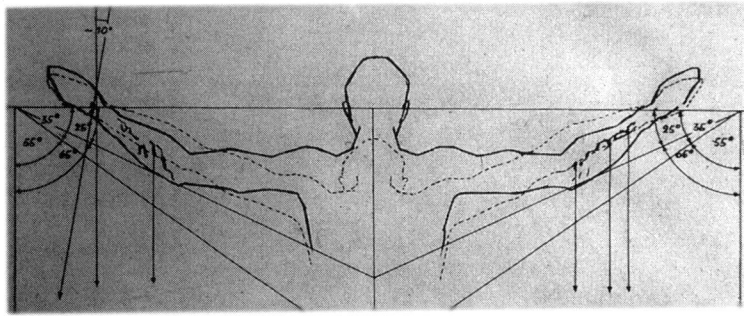

Das Kreuzigungsopfer musste, um frei atmen zu können, sich mit den Beinen aufstützen. Dies war aber auf die Dauer zu anstrengend und der Gekreuzigte sank immer wieder hinunter, wobei er wiederum keine Luft bekam.

Dieser Kreislauf konnte, je nach allgemeiner Stärke und Körperkondition des Opfers, einige Stunden oder mehrere Tage andauern.

Zum Schluss war das Opfer zu schwach, um sich aufzustützen und starb in den meisten Fällen an Sauerstoffmangel. Stellte sich der Tod zu langsam ein, brachen die römischen Soldaten die Beine des Opfers. Somit war es ihm nicht mehr möglich, sich aufzustützen und es starb an Erstickung.

Dieser qualvolle Wechsel der Körperpositionen, wenn das Opfer sich eine Zeit lang aufstützen musste, um zu atmen und sich nacher wieder herablassen musste, um sich zu erholen, verursacht, dass das Blut aus den Handwunden in verschiedene Richtungen abtropft. Die anatomisch exakten Abtropfwinkel der Blutspuren auf dem Leintuch wurden erst während der neueren gerichtsmedizinischen Untersuchungen entdeckt.

„Sie brachen ihm die Beine nicht ..."

Das Bildnis zeigt aber auch, dass die Beine des Opfers nicht gebrochen waren.

> *... damit nicht die Leichname am Kreuze blieben den Sabbat über,*
> *... baten [Mitglieder der Synagoge] den Pilatus, daß ihnen die Beine*
> *gebrochen und sie abgenommen wurden.*
> *Da kamen die Kriegsknechte und brachen dem ersten die Beine und dem*
> *andern, der mit ihm gekreuzigt war.*
> *Als sie aber zu Jesus kamen und sahen, daß er schon gestorben war,*
> *brachen sie ihm die Beine nicht; sondern der Kriegsknechte einer öffnete*
> *seine Seite mit einem Speer, und alsbald floss Blut und Wasser heraus.*
>
> Johannes 19, 31–37

Dr. Pierre Barbet hatte aufgrund des ausgiebigen Blutstroms, der auf der hinteren Hälfte des Tuchs auf der Ebene der Taille sichtbar ist, festgestellt, dass „die Todesursache Herzstillstand war, verursacht durch einen Perikarderguss" [eine große Menge Blut in der Membran, die das Herz umgibt].

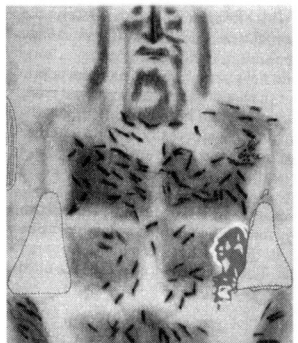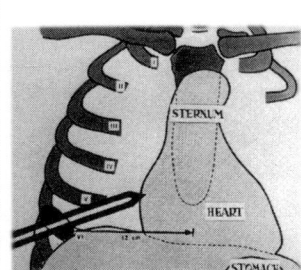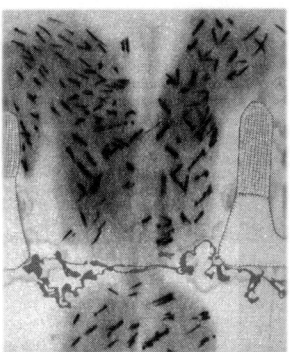

Blut- und Seröse-Flüssigkeit-Spuren auf dem Leintuch von der Lanzenwunde auf der Seite
graphische Darstellungen (l.: Vorderansicht; r.: Hinteransicht)
(Mitte) gerichtsmedizinische Darstellung der Wunde auf der Seite

Der Stoß mit der Lanze durch den Raum in der Nähe der fünften Rippe auf der rechten Seite, durchbohrte den Herzbeutel, der „mit Blut und seröser Flüssigkeit aus der rechten Herzkammer des kürzlich Verstorbenen gefüllt war." Als der Leichnam während des Beerdigungsverfahrens auf den Rücken gelegt wurde, flossen eine große Menge Blut und klares Plasma aus der Wunde heraus und breiteten sich auf dem Grabtuch aus.[6]

Eine Theorie wurde über die Jahrtausende seit der Kreuzigung Jesu verbreitet, dass ihm lediglich Drogen verabreicht wurden, die einen Scheintod verursachten. Die erfahrenen römischen Scharfrichter waren mit dieser List vertraut, weshalb der Kriegsknecht als Vorsichtsmaßnahme das Herz des Opfers durchbohrte.

Pollenspuren und pflanzliche Abdrücke

Wir setzen nun fort mit weiteren Ausschnitten aus dem *National Geographic*-Artikel:

„... Max Frei, ein Schweizer Kriminologe*, erhielt die Erlaubnis, ein Klebeband auf das Tuch aufzupressen, um Staub und andere Partikel für Laboruntersuchungen des Tuches zu entfernen. Frei fand unter seinem Mikroskop 48 verschiedene Pollensorten ... Unter denen, die er identifizieren konnte, fand er erwartungsgemäß einige Pflanzen, die in Frankreich und Italien vorkommen. Darüberhinaus fanden sich sieben Arten von Pollen salzliebender Pflanzen, wie sie in Regionen wie dem Toten Meer und einigen anderen salzreichen Gebieten Palästinas und Anatoliens vorkommen."

Dr. Freis Pollenproben wurden später von anderen Fachleuten wie *Dr. Avinoam Danin*, Professor für Botanik an der Hebräischen Universität von Jerusalem, und dem Palynologen *Dr. Uri Baruch* der *Israel Antiquities Authority* (Israelische Antiquitätenbehörde) begutachtet. Beide Wissenschaftler sind international als führende Experten für die Pflanzen und Blumen des Nahen Ostens im Allgemeinen und für die Flora von Israel im Besonderen anerkannt.**

Das Team prüfte auch die neueren High-Definition-, 3D- und UV-Fotografien des Grabtuchs, welche die bereits auf früheren Fotografien beobachteten Blumenmuster deutlicher zeigen. Dr. Danin reiste mehrmals nach Turin und erhielt die Erlaubnis, das Grabtuch aus erster Hand zu untersuchen, um zusätzliche Daten zu sammeln und die Genauigkeit der bisherigen Ressourcen zu überprüfen.

* *Dr. Max Frei* (1913–1983) promovierte in Botanik und war ein international bekannter Kriminalist und Spurensicherungs-Experte. Er war auch Gründer und Leiter der wissenschaftlichen Abteilung der Züricher Kriminalpolizei.

** Palynologie ist die wissenschaftliche Bezeichnung der Pollenanalyse.

Zusätzlich zu der großen Anzahl an Blütenstaubkörnern, die die israelischen Wissenschaftler erkennen und identifizieren konnten, entdeckten sie auch Hunderte von floralen Abdrücken – die stärkste Konzentrationen davon im Kopfbereich des Kreuzigungsopfers.

Die Ergebnisse ihrer Untersuchungen wurden erstmals auf dem Internationalen Botanischen Kongress 1999 vorgestellt und in den folgenden Jahren in mehreren *peer-reviewed** wissenschaftlichen Journalen veröffentlicht.[7] Eine illustrierte Zusammenfassung ist nachher in Buchform erschienen.

Hier einige Auszüge aus den Schlussfolgerungen der Wissenschaftler:

„Die hohen Konzentrationen von Blütenstaubkörnern, die in der Nähe des Kopfes festgestellt wurden, zusammen mit den besonderen Eigenschaften der erkannten floralen Abdrücke zeigen, dass diese aus frisch gepflückten Blüten stammen müssten, die direkt auf das Leichentuch gelegt wurden – ein Indiz, das mit der alten jüdischen Begräbnissitte im Einklang ist, den Kopf des Verstorbenen mit frischen Blumen zu umringen.

Ebenfalls in Übereinstimmung mit diesem Ritual ist, dass eine Mehrheit der identifizierten Arten auch bekannte medizinische Eigenschaften als Körperkonservierungsmittel hat.

Etwa 96 Prozent der Pflanzenarten, die auf dem Grabtuch erkannt wurden, wachsen zwischen Jerusalem und den Höhlen von Qumran:

Eine ist ausschließlich in Israel, in Teile Jordaniens und in Sinai endemisch und zwei Arten kommen nur in einem Radius von maximal 10 Kilometern um die Stadt Jerusalem zusammen vor."

---

* Englisch für Begutachtung durch Ebenbürtige. Dabei werden unabhängige Gutachter aus dem gleichen Fachgebiet wie die Autoren herangezogen, um die Qualität der wissenschaftlichen Arbeiten zu beurteilen.

Die Schlussfolgerung ist, „.... das einzige Gebiet auf der Erde, wo Menschen diese besondere Gruppe von Pflanzen noch frisch auf oder in der Nähe des Körpers legen könnten, ist innerhalb dieser geographischen Region." Die gemeinsame Blütezeit der identifizierten Spezies ist März und April.* Dies ist also die Zeit gewesen, als die frischen Pflanzen auf oder um den Körper gelegt wurden."

*„Ihr wisset, daß nach zwei Tagen
Ostern wird; und des Menschen Sohn wird überantwortet werden, daß
er gekreuzigt werde."*

Matthäus 26, 2

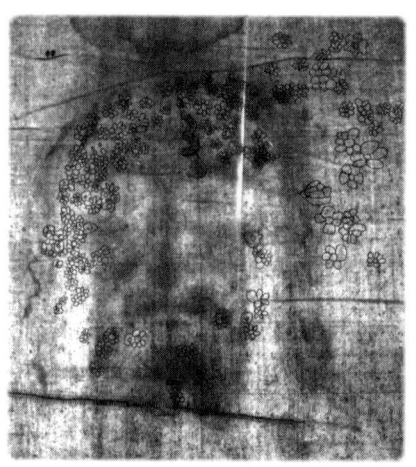

Eine hohe Anzahl Pollen und pflanzlicher Abdrücke rund um den Kopfbereich stammte von *Gundelia tournefortii*, einem dornigen Strauch. Es kann angenommen werden, dass diese Pflanze für die „Dornenkrone" verwendet wurde, deren Spuren bereits aus früheren forensischen Indizien erkannt worden waren [8]

Hohe Konzentrationen von Blütenstaubkörnern, die aus frisch gepflückten Blüten stammen müssten, wurden in der Nähe des Kopfes festgestellt. Einige der Pflanzenarten, die auf dem Grabtuch erkannt wurden, wachsen nur im Umkreis von Jerusalem.

Das Schweißtuch von Oviedo

Die gleichen eindeutigen Pollenspuren wie auf dem Turiner Grabtuch wurden mittlerweile auf dem sogenannten *„Schweißtuch von Oviedo"* entdeckt. Die Blutspuren auf beiden Reliquien entstammen der gleichen Blutgruppe und forensische Untersuchungen haben eine unverwechselbare Übereinstimmung zwischen den Mustern auf dem Schweißtuch und den Gesichtswunden des Kreuzigungsopfers auf dem Turiner Grabtuch festgestellt.

Es wird angenommen, dass es sich bei dem Schweißtuch von Oviedo um das gleiche Tuch handelt, welches vom Evangelisten Johannes beschrieben wurde.

„Da kam Simon Petrus … und ging hinein in das Grab und sieht die Leinen gelegt, und das Schweißtuch, das Jesus um das Haupt gebunden war, nicht zu den Leinen gelegt, sondern beiseits, zusammengewickelt, an einen besonderen Ort."

Johannes 20, 6–7

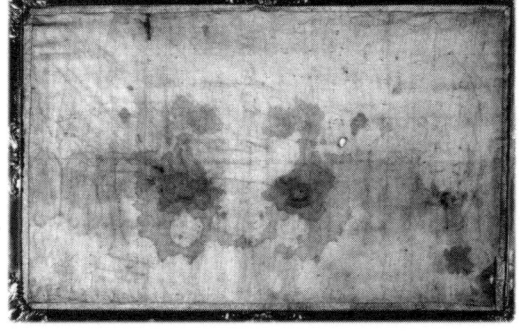

Nach historischen Quellen blieb das Schweißtuch bis 614 n. Chr. in Palästina, wurde aber, um es vor den erobernden Persern zu schützen, über Nordafrika nach Spanien gebracht, wo es seit dem 8. Jahrhundert im nordspanischen Oviedo aufbewahrt wird.[9]

Die gleichen eindeutigen Pollenspuren wie auf dem Turiner Grabtuch wurden auf dem „Schweißtuch von Oviedo" entdeckt. Die Blutspuren auf beiden Reliquien entstammen der gleichen Blutgruppe. Forensische Untersuchungen haben eine unverwechselbare Übereinstimmung festgestellt.

Alter und Herkunft des Stoffes

„Bis zur Mitte des   20. Jahrhunderts war das Turiner Grabtuch fast ausschließlich auf Photographien studiert worden. 1969 jedoch, später nochmals 1973, wurde den Experten … gestattet, das Tuch selbst zu untersuchen … Die Gruppe von 1973 machte aufsehenerregende Entdeckungen.

Unter anderem wurde festgestellt, dass das Bild vollkommen oberflächlich ist. Es liegt auf den äußersten Fasern des Gewebes und ist überhaupt nicht in die tieferen Schichten eingedrungen. Darüber hinaus konnten sie ermitteln, dass selbst unter dem Mikroskop keine Spur eines Pigments gefunden werden konnte.

… Eine weitere Reihe von Entdeckungen basierte auf Gewebefragmenten und Fasern, die dem Tuch entnommen und einem international bekannten Textilexperten, Prof. Gilbert Raes * von der Universität Gent in Belgien, übergeben worden waren.

Einige Eigenschaften der Textilproben schienen auf das Heilige Land und auf ein hohes Alter hinzuweisen. Das Material ist Leinen, das allgemein im alten Palästina für Grabtücher Verwendung fand.

Die Webart ist Fischgrätmuster, in der Antike nicht unbekannt, obwohl die einfache Webart damals wesentlich mehr verbreitet war. Der Faden scheint handgesponnen zu sein, eine antike Technik … Zudem wurde fest gestellt, dass die Fäden vor dem Weben gebleicht worden waren; auch das ist eine Vorgangsweise, die in der Antike üblich war."

Die Maße des Tuchs sind ca. 4,41 x 1,13 Meter. Das entspricht einem Standardmaß von 8 x 2 *„Philetarischen Ellen"*, eine kommerzielle Einheit, die in Palästina des 1. Jahrhunderts verbreitet in Gebrauch war.

Das Fischgrätmuster des Tuchs mit einer 3-zu-1-Webart entspricht einem bekannten syrischen Entwurf. Beispiele für die Webart ähnlich

---

* *Dr. Gilbert Raes* war ein französischer Textilexperte, Professor an und Direktor des Instituts für Textiltechnik der Universität Gent in Belgien.

der des Grabtuchs finden wir bei Stoffen, die bis 2000 v. Chr. datiert wurden.

Die Schlussfolgerung ist, dass das Leinen des Grabtuchs im Nahen Osten, wahrscheinlich in Syrien, gewebt und hergestellt wurde – auf eine eher seltene und teurere Art, die aber im 1. Jahrhundert noch Verwendung fand.[10]

Die 3D-Eigenschaften des Abbilds

Das wissenschaftliche Interesse für das Tuch in den Vereinigten Staaten begann mit zwei jungen Wissenschaftlern der Air Force. Bereits 1974 hatten sie damit begonnen, Guiseppe Enries Photographien intensiv zu studieren. Sie untersuchten die Bilder mit dem VP-8-Bildanalysator, einem hochentwickelten Gerät, das die Bildintensität in ein vertikales Relief umwandeln kann. Zu ihrer Überraschung fanden sie, dass das Bild auf dem Tuch genaue dreidimensionale Daten enthält, was bei herkömmlichen Photographien und Gemälden nicht der Fall ist. Mittels der Computerdaten konnten sie ein dreidimensionales Modell des Abbildes konstruieren. [11]

1994 berichtete ein Artikel in einer deutschen Computerzeitschrift von einer weiteren Untersuchung, die die Dreidimensionalität des Grabtuch-Bildes ebenfalls bestätigte. Hier einige Auszüge:

Grabtuch-Analyse mit CyberMesh:

„Das Photoshop-Plug-in zur Umwandlung von Graustufenbildern in 3D-Höhenlinien lässt sich auch

Im Gegensatz zu Fotos oder Gemälden
weist das Grabtuchbild eindeutige 3D-Eigenschaften auf.

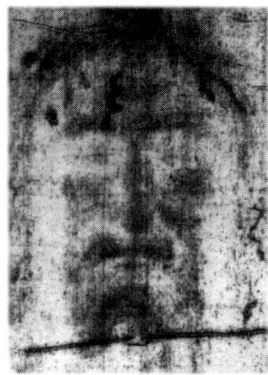

für ungewöhnliche Aufgaben verwenden, zum Beispiel zur Analyse des Turiner Grabtuchs – bei dem es sich, so die Vermutung, um das von Jesus handeln könnte.

[...] CyberMesh setzt Graustufenbilder in sogenannte Höhenlinien eines dreidimensionalen Gitters um. Die Vorgehensweise ist schnell erklärt: Vorausgesetzt wird, dass helle Pixel dem Betrachter näher sind als dunkle. In dem dreidimensionalen Gitter liegen Entsprechungen weißer Punkte ganz vorn und schwarzer ganz hinten, alle anderen befinden sich entsprechend dazwischen [...] CyberMesh lässt sich [somit] auch als Analyseinstrument einsetzen.

Geschichts- und Kunstwissenschaft befassen sich seit langer Zeit mit dem Grabtuch von Turin, einem [...] Leinenstück, das schwach die Negativabdrücke eines Gekreuzigten zeigt. Eine Reihe von Indizien spricht dafür, dass es sich bei dem Leinen um das Grabtuch Jesu handeln könnte.

Seit 1988, nachdem aufgrund (fragwürdigen) Radiocarbonanalysen bekanntgegeben wurde, das Tuch sei eine Fälschung, sind die Ergebnisse wissenschaftlicher Untersuchungen dieses Objekts immer wieder öffentlich diskutiert worden. Immer wieder wurde behauptet, bei dem Grabtuchbild handle es sich möglicherweise schlicht um ein Gemälde, doch zeigt dieses weder stilistische Parallelen noch Pigmentnachweise.

[...] Unterschiedliche mikroskopische Textiluntersuchungen sprechen dafür, dass der Grad der Abdunklung des Grabtuchs proportional ist zum Abstand zwischen Körper und Tuch – je dichter das Leinen anlag, desto stärker die Schwärzung, die sich im Negativ als Aufhellung zeigt. Hier kann nun CyberMesh weiterhelfen, da es dreidimensionale Oberflächen genau auf dieser Basis (re-)konstruiert.

Um ein brauchbares Bild zu erhalten, wurde zunächst der Kontrast angehoben, die Falten und die – im Negativ hellen – Blutspuren retuschiert und das Bild stark weichgezeichnet, um eine überlagernde Struktur durch Darstellung der Gewebefäden zu vermeiden. Das mit CyberMesh umgewandelte [...] Dokument zeigt aus allen Richtungen eindeutig ein bärtiges männliches Gesicht.

[...] Zum Vergleich behandelten wir zwei weitere Bilder entsprechend: das Photo eines frontal beleuchteten Gesichts und ein – wahrscheinlich auf der Grundlage des Grabtuchbildes – gemaltes Christusportrait des 6. Jahrhunderts.

Beide unterscheiden sich in der 3D-Darstellung ganz erheblich von dem hier gezeigten und ergeben nicht die Höhen- und Tiefenverteilungen eines Gesichts, da die Helligkeitswerte von Gemälden und Photos von Licht und Schatten, also nicht von Entfernungen, abhängig sind. Ein Bild wie das des Grabtuches ließe sich kaum ohne Computerhilfe herstellen; schon gar nicht im Negativ, das als Bildkonzept im Mittelalter unbekannt war." [12]

Wie ist das Bild auf dem Tuch entstanden?

Wir setzen nochmals mit dem *National-Geographic*-Artikel fort. Über die Untersuchung von 1978 schreibt der Autor:

„Vielleicht wurde niemals zuvor ein Gegenstand der Kunst oder Archäologie einer dermaßen sorgfältigen Untersuchung unterzogen. Die Wissenschaftler bombardierten die Reliquie mit ultravioletten und Röntgenstrahlen und suchten nach Fluoreszenzerscheinungen. Sie vermaßen Veränderungen dahingehend, inwiefern Abbild, Blut und Hintergrund Energie quer durch einen breiten Bereich des elektromagnetischen Spektrums abstrahlten oder reflektierten. Unter infraroter, sichtbarer, ultravioletter und Röntgenbestrahlung suchten sie nach den ‚Fingerabdrücken' der chemischen Struktur des Tuches. Die Fluoreszenz unter Röntgenstrahlen kann beispielsweise Eisen und Kalium anzeigen, wie es in Blutspuren vorkommt, oder auch die Schwermetalle, die in Malfarben enthalten sind.

Andere Spezialisten photographierten jeden Quadratzentimeter des Leinens im Detail, rund 500 Aufnahmen, mit verschiedenen Wellenlängen. Sie untersuchten es unter dem Mikroskop und machten Photomikrographen. Mit Klebeband und Vakuumgeräten entnahmen sie Spuren von Fasern, Staub, Pollen und anderen Partikeln für die Analyse. Sie lösten das Tuch vom hinterlegten Textil, um zu sehen, was auf der Rückseite war. Giovanni Riggi, ein Turiner Biologe, photographierte die Rückseite unter Verwendung von Faseroptiken und sammelte Mikropartikel.

[...] Die Wissenschaftler berichten, dass die Fäden aus dem Bereich, der das Bild trägt, unter Vergrößerung eine gelbliche Färbung zeigen, die nur auf der äußersten Oberfläche der Fasern aufliegt. Die Färbung hat das Gewebe in keiner Weise diffundiert oder durchdrungen, ist nicht an den Seiten der Fäden herabgeronnen und hat keine Rückstände zwischen den Fasern hinterlassen, wie zu erwarten gewesen wäre, wenn Pigmente aufgemalt oder aufgerieben worden wären.

Hier liefert das Feuer des Jahres 1532 wichtige Hinweise. Einige der Wissenschaftler meinen, dass eine Temperatur, die ausreichend war, das Gewebe zu verkohlen, auch eine Veränderung der Farbe von organischen Pigmenten oder Substanzen bewirkt haben musste. Die Farbveränderungen müssten nahe den verbrannten Bereichen am stärksten sein. Im Gegensatz dazu ist die Gelbfärbung der Abbildung auf dem Tuch von einer bemerkenswerten Gleichförmigkeit, bis hin zu den Brandrändern; sie ist unverändert geblieben. Darüber hinaus hätte das Wasser, das auf das Tuch gegossen worden war, um den Brand zu löschen, Tinte zum Verfließen gebracht. Das ist offensichtlich nicht geschehen.

Im Lichte dieser Tatsachen haben sich die Wissenschaftler als Gruppe auf eine weitreichende Schlussfolgerung geeinigt. Der Chemiker Dr. Ray Rogers, der als Direktor des Forschungsprojekts fungierte, fasst sie zusammen:

,*Fast alle von uns sind jetzt davon überzeugt, dass es sich bei diesem Tuch nicht um ein Gemälde handelt. Abgesehen von einer kleinen Menge Eisenoxid konnten wir keine Pigmente finden. Und wir glauben nicht, dass Flüssigkeit oder Bedampfung dieses Bildnis, das wir hier sehen, hervorgerufen haben könnte.*

… Verschiedene instrumentelle Untersuchungsergebnisse legen die Vermutung nahe, dass das Bildnis so etwas wie eine schwache Verbrennung sein könnte … Es ist noch immer nicht geklärt, welche Art von Verbrennung zu einer solch feinen Abbildung geführt haben kann, wie wir sie auf dem Grabtuch sehen.' *[13]

Ein merkwürdiger Seitenaspekt der Verbrennungshypothese ergibt sich aus den Forschungen [von Archäologen, die] bei dem römischen Historiker Plinius einen Hinweis zur Verwendung einer Substanz namens ,Struthion' für das Waschen und Weichmachen von Textilien gefunden haben. Struthion war der klassische Name für das Seifenkraut ,saponaria officinalis'. Einige Quellen erwähnen, dass die Weber des Altertums ihre Kettfäden mit Stärke versteift und das fertige Textil dann mit Saponaria ausgewaschen haben.

… Leinenmuster von ähnlicher Beschaffenheit wie das Material des Grabtuches wurden gewaschen; manche mit, manche ohne Saponaria. Dann wurden sie für kurze Zeit erhitzt. Die mit Saponaria behandelten Muster verbrannten wesentlich rascher und tiefgehender als die unbehandelten Exemplare. Daraus folgt, dass das Tuch, wenn es je mit Saponaria behandelt worden ist, für Verbrennungen jeder Art relativ anfällig war.

Aus noch einem anderen Grund ist Saponaria für uns interessant. Es ist für niedere Lebensformen giftig und daher ein Fungizid [Mittel gegen

---

* Mehrere Versuche wurden unternommen, seit diese Erkenntnisse bekannt wurden, um den gleichen Effekt zu reproduzieren – etwa mit erhitzten oder elektrisch geladenen Statuen – ohne Erfolg.

Schmarotzer oder Pilze]. Das könnte erklären, warum das Tuch keine ersichtlichen Spuren von Moder oder Schimmel zeigt, obwohl es lange Zeit in feuchten und modrigen Kirchen aufbewahrt war."

Die Ergebnisse der zahlreichen wissenschaftlichen Untersuchungen, die das Turiner Grabtuch über viele Jahre „erdulden" musste, sprechen – trotz zugegebener anfänglicher Skepsis der meisten Forscher – für die Echtheit der Reliquie.[14]

Besonders interessant ist die Antwort des Turiner-Grabtuch-Forschungsteams auf die Kernfrage: Wie ist das Bild auf dem Tuch schließlich entstanden?

Die wissenschaftliche Schlussfolgerung, die im vorigen Artikel dargestellt wird, scheint auf eine plötzlich auftretende Energiequelle hinzudeuten, die von dem Kreuzigungsopfer selbst ausging und intensiv genug war, sein Abbild in das Tuch zu brennen.

Betrachten wir dazu die folgenden Verse aus dem Neuen Testament:[15]

Es gibt himmlische Körper und irdische Körper ...
So auch die Auferstehung der Toten.
Es wird gesät verweslich und wird auferstehen unverweslich ...

Siehe, ich sage euch ein Geheimnis: Wir werden nicht alle entschlafen
[sterben], wir werden aber alle verwandelt werden; und dasselbe
plötzlich, in einem Augenblick ...

1. Korinther, Kapitel 15

Kapitel 6

Die messianischen Prophezeiungen des Alten Testaments

Die Untersuchung des Turiner Grabtuches und die Auswertung der Daten werden weiter fortgesetzt. Je mehr Information sichergestellt wird, desto plausibler erscheint der Schluss, dass das Tuch in der Tat echt ist. Abgesehen davon, dass es zahlreiche Zeugnisse des Neuen Testaments untermauert, verleiht es auch den vielen messianischen Prophezeiungen des Alten Testaments Glaubwürdigkeit. Einige dieser Prophezeiungen werden nur aus den Berichten der Evangelien bestätigt, andere wiederum auch durch historische und archäologische Quellen.

Die messianischen Prophezeiungen sind für uns von besonderer Bedeutung, nicht nur weil sie außerordentliche Beispiele für die Klarheit der Bibel-Prophezeiungen liefern, sondern weil sie zum Teil auch Botschaften beinhalten, die Licht auf die wichtigsten Ereignisse der gegenwärtigen Zeitenwende und auf das schlussendliche Schicksal der gesamten Menschheit werfen.

Die messianischen Prophezeiungen umfassen Hunderte von Versen. Wir zitieren nur eine kleine Auswahl der für uns interessantesten Passagen.

Die Bibelausgaben, denen unsere Zitate zum größten Teil entnommen sind, beruhen auf den im deutschen Sprachraum am weitesten verbreiteten Übersetzungen – der Martin Luthers und der neueren „Einheitsübersetzung", einer Gemeinschaftsausgabe der katholischen und evangelischen Kirchen. Diese Übersetzungen sind sicherlich nicht fehlerfrei. Es gibt auch wesentliche Textabweichungen zwischen älteren und neueren Ausgaben. Wir haben die verschiedenen Bibelausgaben daher mit den hebräischen Texten verglichen und jeweils aus der Ausgabe zitiert, die uns dem Original sinngemäß am nächsten erschien.[1] An einigen Stellen gibt es durchaus nennenswerte Diskrepanzen, die den Sinn der Texte berühren.

Die Reihenfolge der Zitate in diesem Kapitel entspricht der Reihenfolge der Bücher der Bibel, so wie wir ihnen in unseren jetzigen Bibelausgaben begegnen. Auch einige messianische Prophezeiungen sind vollständigkeitshalber berücksichtigt, deren Entsprechungen nur in den Berichten des Neuen Testaments zu finden sind, auch wenn sie durch unabhängige Quellen nicht immer bestätigt werden können.

Die folgenden Verse stammen aus den Psalmen Davids, die traditionell auf das 10. vorchristliche Jahrhundert datiert werden können:

Mein Gott, mein Gott warum hast du mich verlassen? ...
Ich aber bin ein Wurm und kein Mensch, ein Spott der Leute und
Verachtung des Volks.
Alle, die mich sehen, spotten mein, sperren das Maul auf und schütteln
den Kopf: „Er klage es dem Herrn; der helfe ihm heraus und rette ihn,
hat er Gefallen an ihm." ...
Ich bin ausgeschüttet wie Wasser, alle meine Gebeine haben sich
getrennt; mein Herz ist in meinem Leibe wie zerschmolzenes Wachs.
Meine Kräfte sind vertrocknet wie eine Scherbe, und meine Zunge klebt
an meinem Gaumen, und du legst mich in des Todes Staub.

Denn Hunde haben mich umgeben, und der Bösen Rotte hat mich umringt; sie haben meine Hände und Füße durchbohrt. ...
Sie teilen meine Kleider unter sich und werfen das Los um mein Gewand. ...

Psalmen 22, 1. 7–9. 15–17

Sie gaben mir Galle zur Speise, und als mich dürstete, tränkten sie mich mit Essig ...
Der Gerechte muß viel leiden; aber aus alledem hilft ihm der Herr. Er bewahrt ihm alle seine Gebeine, daß deren nicht eins zerbrochen wird. ... du wirst meine Seele nicht dem Tode lassen und nicht zugeben, daß dein Heiliger verwese.

Psalmen 69, 21; 34, 21–22; 16, 10

Das Gefühl, dass die Knochen sich voneinander lösen, dürfte für die Kreuzigung charakteristisch sein. Die „durchbohrten" Hände und Füße bedürfen keiner Deutung, bis auf die Anmerkung, dass das hebräische Wort für „Hand", *jad*, ebenso wie das griechische *cheir* das Handgelenk und den Unterarm einschließt. Es sollte auch erwähnt werden, dass in Israel zu den Zeiten König Davids die Kreuzigung als Hinrichtungsart unbekannt war.

Dass keine Gebeine gebrochen wurden, haben wir bereits im vorigen Kapitel in Zusammenhang mit den gerichtsmedizinischen Befunden des Turiner Grabtuch-Forschungsteams besprochen. Ein weiterer interessanter Zusammenhang ist der Symbolismus, dem wir im dritten Buch Mose an den Stellen begegnen, die die Vorschriften für die Vorbereitung des Passah-Lammes schildern.

Das Lamm soll ohne Makel sein und keines seiner Gebeine darf gebrochen werden. Andere Details – Verachtung und Spott, Galle und Essig, das Los, das um sein Gewand geworfen wurde – kennen wir aus den Evangelien:

Da spieen sie aus in sein Angesicht und schlugen ihn mit Fäusten. Etliche aber schlugen ihn ins Gesicht und sprachen: Weissage uns, Christe, wer ist's, der dich schlug? ...
Die aber vorübergingen, lästerten ihn und schüttelten ihre Köpfe und sprachen: Der du den Tempel zerbrichst und baust ihn in drei Tagen, hilf dir selber! Bist du Gottes Sohn, so steig herab vom Kreuz!

Matthäus 26, 67–68; 27, 30–40

Und da sie an die Stätte kamen mit Namen Golgatha ... gaben sie ihm Essig zu trinken, mit Galle vermischt; und da er's schmeckte, wollte er nicht trinken.

Matthäus 27, 33–34

Die Kriegsknechte aber, da sie Jesus gekreuzigt hatten, nahmen sie seine Kleider und machten vier Teile ... . Der Rock aber war ungenäht, von obenan gewebt durch und durch. Da sprachen sie untereinander: Lasset uns den nicht zerteilen, sondern darum losen, wes er sein soll ...

Johannes 19, 23–24; Matthäus 27, 35; Lukas 23, 34

Einige der berühmtesten messianischen Prophezeiungen sind im Buch *Jesaja* zu finden, das traditionell auf das 8. vorchristliche Jahrhundert datiert wird.

Darum so wird euch der Herr selbst ein Zeichen geben: Siehe, eine Jungfrau ist schwanger und wird einen Sohn gebären, den wird sie heißen Immanuel ...
Denn uns ist ein Kind geboren, ein Sohn ist uns gegeben, und die Herrschaft ist auf seiner Schulter; und er heißt Wunderbar, Rat, Kraft, Held, Ewig-Vater, Friedefürst ...
... ich habe dich auch zum Licht der Heiden gemacht, daß du seiest mein Heil bis an der Welt Ende.

Jesaja 7, 14; 9, [5] 6; 49, 6

Fürwahr, er trug unsere Krankheit und lud auf sich unsere Schmerzen.
Wir aber hielten ihn für den, der geplagt und von Gott geschlagen und
gemartert wäre.
Aber er ist um unserer Missetat willen verwundet und um unserer
Sünde willen zerschlagen. Die Strafe liegt auf ihm, auf daß wir Frieden
hätten, und durch seine Wunden sind wir geheilt … der Herr warf
unser aller Sünde auf ihn.
Da er gestraft und gemartert ward, tat er seinen Mund nicht auf
wie ein Lamm das zur Schlachtbank geführt wird … er ist aus dem
Lande der Lebendigen weggerissen, da er für die Missetat meines
Volkes geplagt war.
Und man gab ihm bei Gottlosen sein Grab und bei Reichen seine
Ruhestätte, wiewohl er niemand unrecht getan hat, noch Betrug in
seinem Munde gewesen ist. …
… Wenn er sein Leben zum Schuldopfer gegeben hat, so wird er
Nachkommen haben … durch seine Erkenntnis wird er, mein Knecht,
der Gerechte, viele gerecht machen; denn er trägt ihre Sünden.
… daß er sein Leben in den Tod gegeben hat und den Übeltätern
gleich gerechnet ist und er vieler Sünde getragen hat und für die
Übeltäter gebeten.

Jesaja 53, 4–12

Das Hauptthema der obigen Verse – ein Gerechter, der durch sein Leiden und seinen Tod die Sünden des Volkes sühnt und für seine Peiniger betet (*„Vater vergib ihnen, denn sie wissen nicht, was sie tun.“* Lukas 23,34) – ist uns als grundlegender Bestandteil des christlichen Glaubens bekannt. Besonders interessant sind aber einige der Details, die in diesen Versen vorkommen.

„Man gab ihm bei Gottlosen sein Grab und bei Reichen seine Ruhe-stätte“ wird in einigen neueren Bibelausgaben als *„man gab ihm bei Gottlosen sein Grab und Übeltätern, als er gestorben war …“*

übersetzt. Ein Vergleich mit dem Urtext zeigt aber, dass die erste Variante die richtige ist. Die Verwirrung beruht wohl auf der Ähnlichkeit der zwei hebräischen Wörter, die in dem Vers verwendet werden: *ra'sche* (= „Böse", zeitweise als „Gottlose" oder „Übeltäter" übersetzt) und *a'schir* (= „Reicher").

Da der Satz in seiner ursprünglichen Form unlogisch und widersprüchlich erscheinen mag („... *bei Gottlosen sein Grab und bei Reichen seine Ruhestätte"*), haben einige moderne Übersetzer wohl gedacht, dass es sich um einen Irrtum handeln muss – dass die hebräischen Schreiber die Laute ‚sch' und ‚r' in den Wörtern *ra'sche* und *a'schir* eventuell falsch eingesetzt hatten.

Es ist aber gerade diese Widersprüchlichkeit, die im Urtext sicher beabsichtigt war, welche die Passage als prophetisch auszeichnet. Obwohl Jesus wie ein Verbrecher hingerichtet wurde, ist er in dem Grab eines reichen Mannes bestattet worden.

> *Am Abend aber kam ein reicher Mann von Arimathea, der hieß Joseph, welcher auch ein Jünger Jesu war. Der ging zu Pilatus und bat ihn um den Leib Jesu. ...*
> *Und Joseph nahm den Leib und wickelte ihn in eine reine Leinwand und legte ihn in sein eigenes neues Grab ...*
> Matthäus 27, 57–60

Die Information, die wir von den Berichten des Turiner-Grabtuch-Forschungsteams erhalten haben, bestätigt diese Schilderung ebenfalls: „... *Die Webart ist Fischgrätmuster, in der Antike nicht unbekannt, obwohl die einfache Webart damals wesentlich weiter verbreitet war."*

Es handelt sich wohl um einen teureren Stoff, der eher für die Bestattung eines reichen als eines armen Menschen verwendet worden wäre. Eine weitere Einzelheit, die uns bei den messianischen Prophezeiungen aus den Psalmen begegnet ist und in den Evangelien bestätigt wird: *„Sie teilen meine Kleider unter sich und werfen das Los um mein Gewand"*, ist in diesem Zusammenhang ebenfalls interessant. Die Soldaten wollten um seinen Mantel, weil er aus einem einzigen Stück gefertigt war, lieber das Los werfen. Ein größeres, unzertrenntes Stück Stoff war offenbar wesentlich wertvoller als mehrere kleinere Teile.

Das Turiner Grabtuch besteht ebenfalls aus einem einzigen Stück Stoff, das lang genug war, um über und unter den Körper gelegt zu werden. Dies ist nochmals eine Bestätigung dafür, dass es eher aus dem Besitz eines reichen Menschen stammte.

Weitere interessante messianische Prophezeiungen sind bei den Propheten Micha (ca. 700 v. Chr.) und Sacharja (ca. 520 v. Chr.) zu finden:

> *Und du Bethlehem Ephratha, die du klein bist unter den Städten in Juda, aus dir soll mir der kommen, der in Israel Herr sei, dessen Ausgang von Anfang und von Ewigkeit her gewesen ist.*
>
> Micha 5, 1

> *... dein König kommt zu dir, ein Gerechter und ein Helfer, arm und reitet auf einem Esel, auf einem Füllen der Eselin.*
> *... er wird Frieden gebieten den Völkern, und seine Herrschaft wird sein von einem Meer bis zum andern und vom Strom bis an die Enden der Erde.*
>
> Sacharja 9, 9–10

> *... Gefällt's euch, so gebt her meinen Lohn; ... dreißig Silberstücke ... Und ich nahm die dreißig Silberstücke und warf sie ins Haus des Herrn ...*
>
> Sacharja 11, 12–13

Die oben beschriebenen Ereignisse – die Geburt Jesu in Bethlehem, sein letzter Einzug in Jerusalem, auf einem Esel reitend, dass er verraten würde um dreißig Stück Silber, die der Verräter nachher in die Tore des Tempels warf – sind uns aus den Evangelien wohlbekannt.

Der nächste Abschnitt aus Sacharja bezieht sich auf die bereits erwähnte Wendezeit, von der wir später ausführlicher sprechen werden:

Und zu der Zeit werde ich [Gott] darauf bedacht sein, alle Heiden zu vertilgen, die gegen Jerusalem gezogen sind.

Aber über das Haus David und über die Bürger Jerusalems will ich ausgießen den Geist der Gnade und des Gebets.

Und sie werden mich ansehen, den sie durchbohrt haben, und sie werden um ihn klagen, wie man klagt um ein einziges Kind …

Sacharja 12, 9–10

Kapitel 7
Die Verwandlung

Es folgt nun eine Auswahl von Versen aus dem Alten und Neuen Testament, die den gesamten Entwicklungsprozess der Menschheit zusammenfasst – von ihrer Bewusstwerdung als denkende Wesen bis zu ihrer physischen Transformation und ihrem Aufstieg.

Wir führen diese Verse vorerst ohne Kommentar an, um den Fluss nicht zu unterbrechen. Die Leser werden einige der Hauptthemen, die wir in den vorherigen Kapiteln angedeutet haben, erkennen. Manche Textpassagen kamen ebenfalls bereits vor.

Die ersten Verse sind aus dem *1. Buch Mose* – auch *„Genesis"* (dt.: Anfang, Entstehung) genannt. Die letzten sind aus der *Offenbarung des Johannes*, dem letzten Buch des Neuen Testaments.

> *Und Gott der HERR nahm den Menschen und setzte ihn in den Garten Eden, daß er ihn baute und bewahrte.*
> *Und [Er] gebot dem Menschen und sprach: Du sollst essen von allerlei Bäumen im Garten; aber von dem Baum des Erkenntnisses Gutes und Böses sollst du nicht essen. Denn welches Tages du davon issest, wirst du des Todes sterben.*

*Und sie waren beide nackt, der Mensch und sein Weib,
und schämten sich nicht.*

1. Mose 2, 15–16.25

*Und das Weib schaute an, daß von dem Baum gut zu essen wäre und
lieblich anzusehen, daß es ein begehrenswerter Baum wäre, weil er
klug machte, und nahm von der Frucht und aß und gab ihrem Mann
auch davon, und er aß. Da wurden ihrer beiden Augen aufgetan
und wurden gewahr, daß sie nackt waren, und flochten Feigenblätter
zusammen und machten ihnen Schürze.
… [aber] Gott der HERR machte Adam und seinem Weibe Röcke von
Fellen und zog sie ihnen an.
Und [Er] sprach: Siehe, Adam ist worden als unsereiner und weiß, was
gut und böse ist. Nun aber, daß er nicht ausstrecke seine Hand und
breche auch von dem Baum des Lebens und esse und lebe ewiglich:
… trieb Gott der HERR Adam aus dem Garten Eden und lagerte
vor den Garten Cherubim mit einem brennenden, geschwungenen
Schwert, zu bewahren den Weg zu dem Baum des Lebens.*

1. Mose 3, 6–7.21–24

*Und Adam erkannte seine Frau Eva, und sie ward schwanger und
gebar den Kain. Danach gebar sie Abel, seinen Bruder.
Abel ward ein Schäfer; Kain aber ward ein Ackermann.
Es begab sich nach etlicher Zeit, daß Kain dem HERRN Opfer brachte
von den Früchten des Feldes; und Abel brachte auch von den Erstlingen
seiner Herde und von ihrem Fett.
Und der HERR sah gnädig an Abel und sein Opfer; aber Kain und sein
Opfer sah er nicht gnädig an.
Da ergrimmte Kain sehr, … erhob sich … wider seinen Bruder Abel
und schlug ihn tot. Also ging Kain von dem Angesicht des HERRN …
und er baute eine Stadt.*

1. Mose 4, 2–8.16–17

Und Gott der HERR wird die Tränen von allen Angesichtern
abwischen … denn der HERR hat's gesagt; er wird den Tod
verschlingen auf ewig.
… er ist um unserer Missetat willen verwundet und um unserer Sünde
willen zerschlagen. Die Strafe liegt auf ihm, auf daß wir Frieden
hätten, und durch seine Wunden sind wir geheilt.
Wenn er sein Leben zum Schuldopfer gegeben hat, so wird er
Nachkommen haben … durch seine Erkenntnis wird er …
viele gerecht machen…
Ich will sie erlösen aus der Hölle und vom Tod erretten …

Jesaja 25, 8; 53, 5–11; Hosea 13, 14

… des Menschen Sohn hat Macht, zu vergeben die Sünden
auf Erden.
Fürchte dich nicht, kleine Herde; denn es ist eures Vaters Wohlgefallen,
euch das Reich zu geben.
Denn des Menschen Sohn ist gekommen, zu suchen und
zu retten, was verloren ist.

Markus 2, 10; Lukas 19, 10; 12, 32

Denn wie der Vater die Toten auferweckt und macht sie lebendig, so
macht auch der Sohn lebendig, wen er will.
Wie mich der lebendige Vater gesandt hat und ich lebe um
des Vaters willen, so wird auch, wer sich an mir nährt,
leben durch mich.
… ihr glaubt an Gott, so glaubet auch an mich. In meines Vaters Hause
sind viele Wohnungen … ich gehe hin euch eine Stätte zu bereiten. …
und ich will wiederkommen und euch zu mir nehmen,
auf daß ihr seid, wo ich bin.
Wer an mich glaubt, der wird die Werke auch tun, die ich tue, und
wird größere denn diese tun; denn ich gehe zum Vater.

Johannes 5, 21; 6, 57; 14, 1–3.12

Denn aus Gnaden seid ihr gerettet worden durch den Glauben, und das nicht aus euch, Gottes Gabe ist es; nicht aus den Werken, auf daß sich nicht jemand rühme.

Epheser 2, 8–9

Wie durch einen Menschen [Adam] die Sünde in die Welt gekommen ist und der Tod durch die Sünde, ist also der Tod zu allen Menschen durchgedrungen ...
... so an eines Sünde viele gestorben sind, so ist viel mehr Gottes Gnade und Gabe vielen reichlich widerfahren durch die Gnade des einen Menschen Jesus Christus ... so ist durch eines Gerechtigkeit die Rechtfertigung des Lebens über alle Menschen gekommen.
... daß sie gleich sein sollten dem Ebenbilde seines Sohnes, auf daß derselbe der Erstgeborene sei unter vielen Brüdern.

... Auch die Schöpfung soll von der Knechtschaft und Verlorenheit befreit werden ...

Römer 5, 12–19; 8, 21–29

Nun aber ist Christus auferstanden von den Toten als Erstling unter denen, die entschlafen sind. Denn da durch einen Menschen der Tod gekommen ist, so kommt auch durch einen Menschen die Auferstehung der Toten.
Gibt es einen natürlichen Leib, so gibt es auch einen geistlichen Leib.
Wie geschrieben steht: Der erste Mensch, Adam, „wurde zu einem lebendigen Wesen" und der letzte Adam zum Geist, der lebendig macht.
Der erste Mensch ist von der Erde, aus Staub gemacht; der zweite Mensch ist vom Himmel. Und wie wir getragen haben das Bild des irdischen, so werden wir auch tragen das Bild des himmlischen.

*Siehe, ich sage euch ein Geheimnis: Wir werden nicht alle entschlafen
[sterben], wir werden aber alle verwandelt werden; und dasselbe
plötzlich, in einem Augenblick ...*

*Denn gleichwie sie in Adam alle sterben, so werden sie in Christus alle
lebendig gemacht werden. Ein jeglicher aber in seiner Ordnung: der
Erstling Christus; danach die Christus angehören,
wenn er kommen wird ...
... er muss herrschen, bis Gott ihm alle Feinde unter seine
Füße legt. Der letzte Feind, der vernichtet wird, ist der Tod.
... dann wird erfüllt werden das Wort, das geschrieben steht: „Der Tod
ist verschlungen vom Sieg ..."*

1. Korinther 15, 20–26. 44–49. 51–54

*... welcher uns errettet hat von der Obrigkeit der Finsternis und hat
uns versetzt in das Reich seines Sohnes, ... welcher ist der Anfang und
der Erstgeborene von den Toten ...
Und wiewohl er ein Sohn war, hat er doch an dem, was er litt
Gehorsam gelernt. Und da er vollendet war, ist er geworden allen, die
auf ihm hören, die Quelle zur ewigen Seligkeit.
... auf daß er durch den Tod die Macht nähme dem, der des Todes
Gewalt hatte, ... und erlöste die, so durch Furcht des Todes im ganzen
Leben Knechte sein mußten.*

Kolosser 1, 13. 18; Hebräer 5, 8–9. 12–13

*Jesus Christus, ... der treue Zeuge und Erstgeborene von den Toten ...
Siehe, er kommt mit den Wolken, und es werden ihn sehen alle Augen
und die ihn zerstochen haben.
Und wenn tausend Jahre vollendet sind, ... wird der Tod und die Hölle
in den feurigen Pfuhl geworfen.
Und ich sah einen neuen Himmel und eine neue Erde; denn der erste
Himmel und die erste Erde verging ...*

... und Gott wird abwischen alle Tränen von ihren Augen, und der Tod wird nicht mehr sein, noch Leid noch Geschrei noch Schmerz wird mehr sein; denn das Erste ist vergangen.

Offenbarung 1, 5; 20, 7. 14; 21, 1.4

Die Vertreibung aus dem Paradies

Mit der Geschichte von Adam und Eva, dem „Sündenfall" und der Vertreibung aus dem Paradies, hat man – oberflächlich betrachtet – eine nette Fabel parat, die man Kleinkindern erzählen kann, die im Verlauf ihres Wachstumsprozesses nachzudenken beginnen und über den Ursprung der Welt und ihres eigenen Daseins Fragen stellen.

Während viele Erwachsene – auch in unseren Zeiten – aus dem Kleinkindzustand kaum herausgekommen sind, begannen manche Menschen bald die allegorische und auch tiefenpsychologische Bedeutung der verwendeten Symbole und Archetypen der Schöpfungs- und Entstehungsgeschichte zu verstehen. So gut wie alle Theologen und Philosophen sowie die Pioniere der Psychologie, natürlich auch Freud und Jung, haben sich mit dieser Überlieferung beschäftigt und aus ihr wertvolle Erkenntnisse geschöpft – allerdings auch manche seltsame Theorien.

Hier einige grundlegende Interpretationsansätze, die für unser Thema relevant sein könnten:

Adam bedeutet einfach Mensch. Dasselbe Wort wird auch in der modernen hebräischen Sprache benutzt. Die Wurzel des Wortes ist *dam*, was „Blut" bedeutet. Adam ist auch mit dem Wort *adama* = „Erde" offenbar verwandt. *„Und Gott der HERR machte den Menschen (Adam) aus dem Staub der Erde (Adama) ..."* [1. Mose 2,7] Aus diesem Zusammenhang wird ersichtlich, warum die Kommentatoren des Neuen Testaments den Bezug des Menschen zur Erde betonten.

Eva ist die griechische Transliteration des hebräischen Namens *Chawah*, was als „die Lebende" oder „Quelle des Lebens" verstanden werden kann. Er hat die gleiche etymologische Wurzel wie das hebräische Wort für Leben, *chaj*. Es wird vermutet, dass der Name von der hurritischen Sonnen- oder Muttergöttin *Cheba* (oder *Chepat*) abgeleitet wurde, die nach den *Amarna-Briefen* während der späten Bronzezeit auch in Jerusalem angebetet wurde.[1]

„Und Adam hieß sein Weib Eva, darum daß sie eine Mutter ist aller Lebendigen." [1. Mose 3, 20]

Die Überlieferung, dass Eva als Erstes dazu verleitet wurde, eine Frucht von dem Baum der Erkenntnis zu nehmen, und dann Adam davon zu essen gab, haben zahlreiche Theologen dazu benutzt, die frauenfeindliche Haltung zu begründen, dass das weibliche das sündhaftere Geschlecht sei. Durch eine solche allzu wörtliche Auffassung der Geschichte versäumt man aber die darin offensichtlich enthaltenen allegorischen Aspekte.

Eine weitaus brauchbarere Interpretation ist die psychologische Auslegung, dass Adam und Eva die männlichen und weiblichen Aspekte der menschlichen Persönlichkeit darstellen – die linke und rechte Gehirnhälfte; die weibliche, intuitive, imaginierende Fähigkeit einerseits und die männliche, physische, durchführende Kraft andererseits. Zuerst kommt der Gedanke oder die Vorstellung und danach die Tat. Durch diese

Der Name „Eva" wird vermutlich von der hurritischen Sonnen- oder Muttergöttin *Cheba* (oder *Chepat*) abgeleitet.

beiden Facetten des menschlichen Wesens entsteht seine schöpferische Fähigkeit.

„Und Gott schuf den Menschen ihm zum Bilde; ... männlich und weiblich."
[1. Mose 1, 27]

Die Vertreibung aus dem Garten Eden kann klarerweise als Verlust des paradiesischen Zustands der harmonischen Interaktion mit der Natur verstanden werden, in der sich Tiere zum Beispiel generell befinden. Als der Mensch den Entwicklungsgrad erreicht hatte, indem er sich selbst bewusst wahrnehmen und über seine Handlungen entscheiden konnte, ergab sich die Möglichkeit von disharmonischen Handlungen. Eine der extremsten Formen davon ist beispielsweise Mord.

Unmittelbar nach der Schilderung der Vertreibung aus dem Paradies erzählt uns die biblische Überlieferung bereits von der ersten Mordtat: die Geschichte von Kain und Abel.

„... mit einem brennenden, geschwungenen Schwert ..."

Manche Bibelübersetzungen sprechen von einem drehenden, andere wiederum von einem hauenden oder zuckenden Schwert. Der Kirchenvater *Origenes* zitiert diesen Vers (1. Mose 3, 24) wie folgt:

„Gott setzte die Cherubim und das Flammenschwert, das geschwungen wird, um zu bewachen den Weg zum Baume des Lebens."[2]

„Adam und Eva werden aus Eden vertrieben" Holzschnitt von *Gustave Doré* (1832-1883)

Es handelt sich hier scheinbar um eine Darstellung der Handhabung eines sogenannten zweischneidigen Schwertes – eine in der Antike weitverbreitete Waffe. So ein Schwert konnte wegen seiner besonderen Eigenschaften in abwechselnde Richtungen, in kreisförmigen Bewegungen eingesetzt werden.

Die Verfasser der biblischen Texte verwendeten mehrmals das Symbol des Schwertes, insbesondere des zweischneidigen Schwertes, um das „Wort Gottes" zu versinnbildlichen:

„… und er hatte sieben Sterne in seiner rechten Hand, und aus seinem Munde ging ein scharfes, zweischneidiges Schwert, und sein Angesicht leuchtete wie die helle Sonne."

Offenbarung 1, 16; 2, 12

„Denn das Wort Gottes ist lebendig und kräftig und schärfer denn kein zweischneidig Schwert …"

Hebräer 4, 12

„… und nehmet den Helm des Heils und das Schwert des Geistes, welches ist das Wort Gottes."

Epheser 6, 17

Die Passage in 1. Buch Mose, Kapitel 3, scheint somit unter anderem zu implizieren, dass das Geheimnis um *„den Weg zum Baume des Lebens"* in der Heiligen Schrift verborgen liegt. Auf weitere mögliche Bedeutungen kommen wir später noch zu sprechen.

„Ihr werdet des Todes sterben ..."

Es wird den Lesern schon aufgefallen sein, dass der Tod ein wichtiges Thema in der biblischen Beschreibung des menschlichen Entwicklungsprozesses ist. Es handelt sich dabei allerdings nicht nur um den physischen Tod, sondern eher um den spirituellen oder seelischen – das Getrenntsein von der göttlichen Harmonie, von dem „lebendigen Gott". Interessant in diesem Zusammenhang ist die Wurzel des hebräischen Wortes *chattah* (wird als „Sünde" übersetzt), was auch „getrennt sein" oder „verfehlen" bedeutet.

Auch das deutsche Wort „Sünde" wird vermutlich von dem indogermanischen „Sund" abgeleitet, was im Ostseeraum als Meeresenge verstanden wird, im Norwegischen jedoch als Fjord, der eine Insel abtrennt. Eine etymologische Verwandtschaft „(ab)zusondern" ist ebenfalls nachvollziehbar.[3]

Als der Mensch den Entwicklungsgrad erreichte, in dem er die Fähigkeit erlangt hatte, zwischen Gut und Böse zu unterscheiden, sowie von der Möglichkeit disharmonisch zu handeln Gebrauch machen konnte, wurde er in den karmischen Kreislauf von Tod und Wiedergeburt gefangen – wie die östlichen Religionen uns lehren.

Reinkarnation ist nicht ein Konzept, das wir für gewöhnlich mit der jüdisch-christlichen Tradition verbinden, obwohl die orthodoxen Juden bis zum heutigen Tag an die Wiederverkörperung glauben. Die renommiertesten Rabbis, Talmudgelehrten und Kabbalisten, deren Schriften in den Thora-Schulen weltweit heute noch als Pflichtlektüre gelten, lehrten die Reinkarnation.

Man findet Spuren der Wiederverkörperungslehre auch im Neuen Testament und zahlreiche Nachweise deuten darauf hin, dass mehrere Kirchenväter und auch die ersten Christen daran glaubten. Dass diese Lehre von der Kirche später aus dem offiziellen Dogma als Irrlehre verbannt wurde, ist verständlich. Die Furcht vor einer irreversiblen, ewigen Verdammnis lässt sich als Machtinstrument viel leichter einsetzen als die Aussicht auf eine spätere Erlösung.

In den hellenistischen und römischen Zeiten diente der Nahe Osten als das Handelszentrum des Okzidents und die Karawanen aus Indien und aus fernen Teilen Asiens brachten nicht nur Waren mit sich. Man findet viele Ideen in den biblischen Texten, die mit Konzepten aus den östlichen Religionen verwandt sind – allerdings unter Verwendung einer anderen Terminologie:

Moksha = Befreiung, Erlösung von den Sünden;
Karma = „was der Mensch sät, das wird er ernten" [Galater 6, 7];
„Buddha Natur" = *noun Christou* (Geist/Gesinnung Christi).
[1. Korinther 2, 16; Philipper 2, 5]

„Ich will sie erlösen aus der Hölle ..."

Die *„Erlösung aus der Hölle"* und von den Fesseln des Todes dürfte an sich nichts anderes bedeuten als die Auflösung von den Verstrickungen des negativen Karmas und die Befreiung aus dem Kreislauf von Tod und Wiedergeburt. Die negativen Erfahrungen, die in der Folge von unharmonischem Handeln erlebt werden, dienen dazu, den Menschen anzuspornen, sich intensiv mit den Fragen des Lebens auseinanderzusetzen.

Erreicht ein Mensch letztendlich das Stadium, in dem er die wahren Gesetzmäßigkeiten des Universums erkennt, beginnt er unweigerlich, mit diesen in Harmonie zu treten – es war lediglich seine Unwissenheit, die ihn davon abgehalten hat. Sein Wille und „Gottes Wille" werden somit eins.

Er ist nun sehr nah daran, dass sich seine „Buddha-Natur", der Christus in ihm, manifestieren kann – auch wenn am Anfang seine schlechten Gewohnheiten ihn zeitweise noch daran hindern mögen. Die Folgen seiner früheren negativen Handlungen können aber allmählich aufgelöst werden – es handelt sich schließlich nicht um „Strafe".

Dies ist sicherlich eine Möglichkeit, die Aussagen zu verstehen, die besagen, dass Christus uns von unseren Sünden befreit. Insofern ein Mensch den Christus in sich zu manifestieren beginnt, löst sich die Trennung zwischen ihm und der universellen Harmonie auf.

Es gibt dazu allerdings auch weitere wichtige Betrachtungsweisen, die wir später noch besprechen werden.

Kain und Abel; Gnade oder Werke

Das Leben eines Bauern ist mit harter Arbeit verbunden. Dagegen ist das Dasein eines Hirten relativ leicht. Es handelt sich bei der Geschichte um die grundsätzlichen Einstellungen, die durch die zwei Archetypen symbolisiert werden, und um die Frage, ob die Erlösung erarbeitet werden muss oder ob sie „Gottes Gabe" ist.

Aus dem Umstand, dass Gott Kains Opfer nicht akzeptierte, sollen

wir natürlich nicht entnehmen, dass Gott etwas gegen Landwirtschaft hat. Die Erzählung will lediglich ausdrücken, dass die Erlösung oder Erleuchtung nicht die Frucht harter Arbeit ist. Abels Opfer aus den „Erstlingen seiner Herde" wurde schon in vorchristlichen Zeiten als ein messianisches Gleichnis verstanden. Die

Abel opfert ein Lamm und *Melchisedech* Brot am Altar. Alttestamentliche Vorzeichen für das christliche Abendmahl-Sakrament. Mosaik aus dem 6. Jahrhundert, Kirche San Vitale, Ravenna, Italien.

erlesenste Frucht der Tätigkeit eines Schäfers ist das Lamm. Diesem Symbol begegnen wir noch im Alten Testament in Form des Opferlammes.

Als Johannes der Täufer Jesus zum ersten Mal sah, sagte er:
„Siehe, das Lamm Gottes." [Johannes 1, 29]

Es ist in Anbetracht dieser Symbologie nun verständlich, dass die Verfasser des Neuen Testaments immer wieder auch von „dem Erstling Christus" sprechen. Die Hauptbotschaft ist, dass uns die Erlösung durch das Opfer des Messias einfach geschenkt wird.

Diesem Konzept sind wir bei dem Gleichnis von den Arbeitern im Weinberg bereits begegnet. Der Ärger der Arbeiter, die den ganzen Tag geschuftet haben, aber den gleichen Lohn erhielten wie diejenigen, die weniger leisteten, ähnelt dem Groll Kains. Fanatisch religiöse Menschen, die glauben, dass sie nur durch strenge Entsagung, Pein und Kasteiungen den Himmel erreichen können, reagieren ebenfalls auf ähnliche Weise gegenüber denjenigen, die das Leben eher leicht nehmen und es sich einfach gut gehen lassen. Es ist auch nicht selten, dass die Ersteren die Letzteren am liebsten töten würden und zeitweise dies auch immer wieder tun.

Da wir mit den Lehren der etablierten Religionen eher eine Philosophie des Leidens und der Entbehrung in Verbindung bringen, ist es sicherlich überraschend, wenn wir erkennen, dass die Bibel in Wirklichkeit das Gegenteil befürwortet. Dies scheint genau das zu sein, dem wir auch im Buddhismus begegnen. Der Buddha erlangte die Erleuchtung nicht durch seine strenge Askese, sondern als er einfach losließ.

Der Schlüssel zum spirituellen Erfolg wäre demnach nicht *„Just do it"*, wie der Sporthersteller Nike empfiehlt, sondern *„Just let it"*.

Wir finden ein weiteres Symbol in den ersten Kapiteln des Buches *Genesis*, worin die Unfähigkeit des Menschen, sich alleine aus eigener Anstrengung zu erlösen, ebenfalls veranschaulicht wird. Nachdem Adam und Eva von dem Baum der Erkenntnis gegessen hatten, *„wurden sie gewahr, dass sie nackt waren"*.

Sie fühlten Scham oder Schuld – und sie versuchten ihre nun erkannten Unzulänglichkeiten notdürftig zu kompensieren, indem sie Feigenblätter zusammenflochten.

Aber *„Gott der HERR machte Adam und seinem Weibe Röcke von Fellen und zog sie ihnen an"*. [1. Mose 3, 21]

Dies kann nochmals als ein messianisches Symbol betrachtet werden. Ein Lebewesen musste sterben, um die Nacktheit des Menschen zu verdecken. Auffallend dabei ist auch das Detail, dass diese „Erlösung" nicht aus den Bemühungen der Menschen erfolgte, sondern von „Gott dem Herrn" vollzogen wurde.

Universale Versöhnung

Während seiner wöchentlichen Ansprache im Vatikan am 28. Juli 1999 überraschte Papst Johannes Paul II. sein Publikum damit, dass er die allgemeine Vorstellung der Realität einer physischen, buchstäblichen Hölle als einen Ort der ewigen Feuer und Qualen zurückwies. [4]

Vielmehr, sagte der Papst, bedeutet die Hölle Trennung, auch in diesem Leben, von der freudigen Gemeinschaft mit Gott. Laut einer offiziellen Vatikantranskription seiner Rede stellte Papst Johannes Paul II. fest, dass die biblischen Bezüge zur Hölle und die Beschreibungen der Heiligen Schrift nur symbolische und figurative Darstellungen von *„der vollkommenen Frustration und Leere des Lebens ohne Gott"* seien. Er fügte hinzu:

„Eher als ein physischer Ort ist die Hölle der Zustand derer, die sich freiwillig und definitiv von Gott trennen, der Quelle allen Lebens und der Freude." Die Hölle sei zudem *„... ein Umstand, der aus Haltungen und Handlungen erfolgt, die Menschen in diesem Leben wählen".*

Das Dogma der ewigen Verdammnis war der Papst jedoch nicht gewillt aufzugeben: *„Verdammnis besteht gerade in einer definitiven Trennung von Gott, von der menschlichen Person frei gewählt und bestätigt mit dem Tod, der seine Entscheidung für immer besiegelt."*

Der erste Papst, Apostel Petrus, schien allerdings anderer Meinung gewesen zu sein, als er davon sprach, wie Jesus (vermeintlich während der drei Tage nach seiner Kreuzigung und vor seiner Auferstehung) *„... hingegangen ist und hat gepredigt den Geistern im Gefängnis ...".* (1. Petrus 3, 19)

In einem anderen Zusammenhang ist ersichtlich, dass Petrus mit „Gefängnis" die Hölle meinte (2. Petrus 2, 4). (Das Fegefeuer ist eine spätere Erfindung der Kirche und kommt in der Bibel nicht vor.) Dass

Die ersten Christen und die frühesten Kirchenväter sowie auch mehrere Heiligen der katholischen und orthodoxen Kirchen befürworteten eine Doktrin der „Universalen Versöhnung". (l.-r.: *Isaak von Ninive, Clemens von Alexandria, Gregor von Nyssa*)

Jesus zu den Seelen in der Hölle gepredigt hätte, impliziert die Möglichkeit, dass diese von dort befreit werden können.

Wir haben zahlreiche Nachweise, die darauf zeigen, dass die ersten Christen und die frühesten Kirchenväter, beispielsweise *Origen* oder *Clemens von Alexandria*, eine Doktrin der „Universalen Versöhnung" befürworteten.[5] Dieser Lehrsatz besagt, dass alle Seelen sowie auch die ganze Schöpfung zu ihrer ursprünglichen Harmonie mit Gott zurückkehren werden, wie der Apostel Paulus schreibt:

„… *Auch die Schöpfung soll von der Knechtschaft und Verlorenheit befreit werden* …" (Römer 8, 21).

Der heilige *Gregor von Nyssa* (ca. 335–394 n. Chr.) spricht in seinem Buch *Sermo Catecheticus Magnus* von der „… *Vernichtung des Bösen,* […] *Wiederherstellung aller Dinge und* […] *endgültige[n] Rückkehr böser Menschen und böser Geister in die Seligkeit der Vereinigung mit Gott"*.

Er schreibt weiter:

„… *Wenn sich der Tod dem Leben nähert, und die Finsternis dem Licht und das Vergängliche dem Unvergänglichen* [...] *in den langen Zyklen der Zeit, wann das Böse der Natur* [...] *weggenommen wurde,* [...] *wird es eine einstimmige Danksagung aus der ganzen Schöpfung geben."* [6]

Zwei weitere heiliggesprochene „Universalisten" waren *Pantaenus von Alexandria* und *Isaak von Ninive*. Pantaenus leitete die renommierte *Katechetenschule von Alexandria* im 2. nachchristlichen Jahrhundert (nach einigen Überlieferungen war er Gründer dieser Akademie). Sein berühmtester Schüler war Clemens von Alexandria. Der Mystiker *Isaak von Ninive*, auch *Isaak der Syrer* genannt, war Bischof von Ninive im 7. Jahrhundert. Er gilt als einer der führenden Theologen der ersten christlichen Epoche und wird sowohl von der katholischen als auch von der orthodoxen Kirche als Heiliger verehrt. [7]

Der Zweite Adam

*Der erste Mensch, Adam, „wurde zu einem lebendigen Wesen" und der
letzte Adam zum Geist, der lebendig macht.
Der erste Mensch ist von der Erde, aus Staub gemacht; der zweite
Mensch ist vom Himmel. Gibt es einen natürlichen Leib, so gibt es auch
einen geistlichen Leib [...] und wie wir getragen haben das Bild des
irdischen, so werden wir auch tragen das Bild des himmlischen.*

1. Korinther 15, 20–26

Die häufigste Bezeichnung, die Jesus verwendete, wenn er über
sich selbst sprach, war der „Menschensohn". Der Ausdruck kommt
88 Mal im Neuen Testament vor. Dadurch, dass er sich so bezeich-
nete, wollte er einerseits vermutlich den Israeliten nahebringen,
dass er der Messias war, von dem die Propheten gesprochen hatten.
Eine damals bekannte messianische Passage aus dem Buch des Propheten *Daniel* spricht von dem Gesalbten als des Menschen Sohn
[Kap. 7, 13–14].

In Verwendung des Ausdrucks konnte Jesus seinen Zuhörern zudem noch vermitteln, dass er ein Mensch war – in seinem Wesen
nicht anders als sie – und dass sie dazu fähig wären, *„... die Werke
auch [zu] tun, die ich tue, und größere denn diese ..."*.

Wohl in diesem Zusammenhang spricht der Apostel Paulus von Jesus
als dem neuen Adam, der eine neue Menschengattung hervorbringt,
bestehend aus Individuen, die *„... gleich sein sollten dem Ebenbilde
[des] Sohnes, auf daß derselbe der Erstgeborene sei unter vielen Brüdern".* Römer 8, 29

Dies bedeutet, dass der neue Mensch auch dazu fähig wäre, die-
selbe Entwicklungsstufe zu erreichen wie Jesus, das „Bild des himmlischen" – des „geistlichen Leibes" zu tragen und letztendlich auch
aufzusteigen wie er.

Die Überwindung des Todes

[Er] … ward gleich wie ein andrer Mensch und … ward gehorsam bis
zum Tode, ja zum Tode am Kreuz.
… auf daß er durch den Tod die Macht nähme dem, der des Todes
Gewalt hatte, … und erlöste die, so durch Furcht des Todes im ganzen
Leben Knechte sein mußten.

Philipper 2, 7–8; Hebräer 5, 12–13

Obwohl die „Erlösung" jedem Menschen zusteht und im Grunde ein
Geschenk ist, wie wir bereits besprochen haben, gibt es einige Voraus-
setzungen zu erfüllen, bevor ein Mensch den unsterblichen geistigen
Leib erlangen kann.

Hat er die Stufe erreicht, auf der er diesen Lichtkörper zu tragen
imstande ist, wird er bereits zusätzliche geistige Kräfte erlangt und
zugleich gelernt haben, mit diesen harmonisch umzugehen. Er wird
längst eine Entwicklungsstufe erreicht haben, die ihm erlauben würde, aus dem Kreislauf von Tod und Wiedergeburt befreit zu werden.

Dafür müsste er allerdings vorher in der Regel zahlreiche Erfahrungen gemacht und unzählige Rückschläge erlitten haben. Das
Überwinden dieses hindernisreichen Weges wird wohl in etwa durch
die „… Cherubim mit dem brennenden, geschwungenen Schwert" symbolisiert, die den „Weg zu dem Baum des Lebens" bewahren.

Wir sollen uns an dieser Stelle allerdings daran erinnern, dass die
Erlösung nicht durch einen leidvollen Weg verdient wird.

Das Leiden motiviert den Menschen lediglich dazu, nach den Lösungen für die Rätsel des Lebens konsequent zu suchen und schlussendlich zur Erkenntnis zu gelangen. Feuer ist in der Bibel ein häufig
verwendetes Sinnbild für Opfer und Leid, aber auch für Erleuchtung.

Die Mechanismen der Verwandlung

Es ist jedenfalls das Schicksal des Menschen, wie der *Mahabharata* uns auch lehrt, dass er schließlich die Erleuchtung erlangt. Es gibt zudem Mechanismen, die unter anderem durch das Leben und Wirken des Messias in Gang gesetzt wurden, die den spirituellen Reifeprozess der Menschheit wesentlich erleichtern oder überhaupt erst ermöglichen.

Diese Prozesse tragen bereits spürbare Früchte und werden ihren Abschluss schon in absehbarer Zeit erreichen, wie wir in den folgenden Kapiteln sehen werden.

Kapitel 8

Morphische Resonanz und das Christus-Mysterium

„Den Schlüssel zu dem, was sich in Geschichte und allen möglichen
Schöpfungs- und Fortschrittsprozessen abspielt, sehe ich darin, den
Vollendungszustand am Schluss als ein höherdimensionales Etwas zu
begreifen, das über die niedrigeren Organisationsdimensionen einen
riesenhaften tanzenden Schatten wirft. "[1]

Terence McKenna

Es gibt drei Mechanismen, die die Evolution der Menschheit vorantreiben und ihre positive Entwicklung begünstigen: die Morphogenetik, was die Übertragung von intellektuellen oder spirituellen Fortschritten eines einzigen Individuums auf die gesamte Spezies ermöglicht; die Epigenetik, die auf der physiologischen Ebene ähnlich wirkt; und historische oder globalpolitische Ereignisse, die die Entwicklungsstufe der Menschheit widerspiegeln und sie immer wieder wachrütteln.

Wir werden uns im folgenden Kapitel mit dem ersten dieser Mechanismen beschäftigen – der Morphogenetik, die die subtilsten, aber zugleich die mächtigsten Prozesse in Gang setzen kann.

Die Morphogenese

Wie entwickeln sich Tiere und Pflanzen aus einfachen Embryonen zur charakteristischen Form ihrer Art? Wie nehmen die Blätter von Weiden, Rosen und Palmen ihre Gestalt an? Wie entwickeln sich ihre Blüten auf so unterschiedliche Weise?

All diese Fragen haben etwas mit dem zu tun, was die Biologen *Morphogenese* (abgeleitet von den griechischen Wörtern *morphé* = Form und *génesis* = Erzeugung, Entstehen) nennen, die Entstehung von Form, die immer noch eines der großen ungelösten Rätsel der Biologie ist.

Wenn man sich naiv mit diesen Problemen befasst, erklärt man schlicht, jede Morphogenese sei genetisch programmiert. Die einzelnen Arten befolgen einfach die Anweisungen ihrer Gene. Aber nach kurzem Nachdenken erkennt man, dass diese Antwort nicht ausreicht. Alle Zellen des Körpers enthalten die gleichen Gene. In unserem Körper zum Beispiel ist das gleiche genetische Programm in unseren Augenzellen, in unseren Leberzellen ebenso wie in den Zellen unserer Arme und Beine vorhanden. Aber wenn sie alle identisch programmiert sind, warum entwickeln sie sich dann so unterschiedlich?

Die Biologen, die die Formentwicklung bei Pflanzen und Tieren studieren, sind sich seit Langem dieses Problems bewusst. Seit den 1920er Jahren vertreten viele Forscher die Ansicht, dass sich entwickelnde Organismen von Feldern geformt werden, den sogenannten morphogenetischen Feldern. Sie sind so etwas wie unsichtbare Entwürfe, die der Form des wachsenden Organismus zugrunde liegen. Es sind Felder, sich selbst organisierende Einflussgebiete, vergleichbar magnetischen Feldern und anderen bislang anerkannten Feldern in der Naturwissenschaft.

Morphogenese und Transformation

Einer der führenden Denker und Theoretiker auf dem Gebiet der Morphogenetik ist *Rupert Sheldrake*. Sheldrake wurde 1942 geboren und studierte Naturwissenschaften an der *Universität von Cambridge* und Philosophie an der *Harvard University*.

Er promovierte in Biochemie in Cambridge, wo er danach als Direktor für Biochemie und Zellbiologie am *Clare College* tätig war.

Das schöpferische Universum (1983) war sein erstes Buch. 1990 erschien mit großem Erfolg *Das Gedächtnis der Natur*, 1994 *Sieben Experimente, die die Welt verändern könnten*. *Der Siebte Sinn der Tiere* erschien 1999 und *Der Siebte Sinn des Menschen* 2003. Weitere Veröffentlichungen folgten fast jährlich.[2]

Die meisten seiner Bücher waren Bestseller. Seine Theorien haben die Welt der Biophysik und Kosmobiologie maßgeblich beeinflusst. Es folgen nun einige Auszüge aus seinen Schriften:

„Nachdem ich mich jahrelang mit den Problemen der Morphogenese herumgeschlagen und über morphogenetische Felder nachgedacht hatte, war ich zu der Schlussfolgerung gelangt, dass es sich bei diesen Feldern nicht bloß um irgendwelche mechanistischen Standardprozesse, sondern um etwas wirklich Neues handelt. Dies war der Ausgangspunkt dafür, dass ich die Idee der morphogenetischen Felder weiterentwickelte.

Morphogenetische Felder nehmen Gestalt an, entwickeln sich wie Organismen. Sie haben eine Geschichte und enthalten ein immanentes Gedächtnis aufgrund des Prozesses, den ich morphische Resonanz nenne.

In dieser Hypothese behaupte ich, dass es in selbstorganisierenden Systemen auf allen Komplexitätsebenen eine Ganzheit gibt, die auf einem charakteristischen organisierenden Feld dieses Systems beruht, seinem morphischen Feld.

Jedes selbstorganisierende System ist ein Ganzes, das aus Teilen besteht, die wiederum Ganzheiten auf einer tieferen Ebene darstellen. Auf jeder Ebene verleiht das morphische Feld jeder Ganzheit seine charakteristischen Eigenschaften und bewirkt, dass sie mehr ist als die Summe ihrer Teile.

Das umstrittenste Merkmal meiner Hypothese ist die Behauptung, dass morphische Felder sich entwickeln. Ihre Struktur beruht auf dem, was zuvor geschehen ist. Sie enthalten eine Art Gedächtnis. Durch Wiederholung werden die Muster, die sie organisieren, zunehmend wahrscheinlich, zunehmend gewohnheitsmäßig. Beim Menschen kann diese Art des kollektiven Gedächtnisses durchaus eng mit dem verwandt sein, was der Psychologe C. G. Jung das ‚kollektive Unbewusste' genannt hat.

Informationen oder Handlungsmuster werden von einem System auf ein folgendes System der gleichen Art durch die morphische Resonanz übertragen. Es handelt sich dabei um den Einfluss von Gleichem auf Gleiches, von Handlungsmustern auf nachfolgende ähnliche Handlungsmuster, einen Einfluss, der sich durch Raum und Zeit fortpflanzt. Je größer die Ähnlichkeit, desto stärker der Einfluss der morphischen Resonanz.

Das erste Feld irgendeines Typs, etwa das Feld der ersten Insulinkristalle oder das Feld einer neuen Idee, wie Darwins Theorie der Evolution, entsteht durch einen kreativen Sprung. Die Quelle dieser evolutionären Kreativität ist unbekannt. Vielleicht handelt es sich um einen Zufall, vielleicht um den Ausdruck irgendeiner im Geist und in der Natur angesiedelten Kreativität.

Ganz gleich, wie sich dieser Ursprung erklären lässt – sobald ein neues Feld, ein neues Organisationsmuster entstanden ist, wird dieses morphische Feld durch Wiederholung stärker. Das gleiche Muster wird wahrscheinlich wieder auftreten. Je häufiger Muster sich wiederholen, desto wahrscheinlicher werden sie." [3]

Zusammenhänge mit der Quantenphysik und sozialen Systemen

„Experimente zum Testen der räumlichen Aspekte morphischer Felder lassen auf eine Art von Nichtlokalität schließen. Die Nichtlokalität ist einer der überraschendsten und paradoxesten Aspekte der Quantentheorie: Teile eines Quantensystems, die in der Vergangenheit miteinander verbunden gewesen sind, behalten eine unmittelbare Verbundenheit, selbst wenn sie sehr weit voneinander entfernt sind. Dieser Effekt wird in der Quantenphysik ‚Verschränkung' genannt.

Genauso wie Atome und Moleküle sind auch die Angehörigen sozialer Gruppen Teile desselben Systems. Sie teilen sich ihre Nahrung, atmen die gleiche Luft, sind durch ihren Geist und ihre Sinne wechselseitig miteinander verknüpft und interagieren ständig. Wenn sie getrennt werden, können die Teile des sozialen Systems eine nichtlokale oder untrennbare Verbundenheit behalten, vergleichbar der in der Quantenphysik zu beobachtenden Verschränkung.

So weiß beispielsweise niemand, warum Staaten von Termiten so koordiniert sind, dass diese kleinen, blinden Insekten komplexe Nester mit einer komplizierten Innenarchitektur bauen können. Niemand versteht, wieso Vogelscharen oder Fischschwärme die Richtung so rasch ändern können, ohne dass die einzelnen Tiere miteinander zusammenstoßen. Und niemand weiß wirklich, wie die sozialen Bande beim Menschen beschaffen sind." [4]

Implikationen

„Die Hypothese der Formenbildungsursachen hat in allen Wissenschafts-zweigen weitreichende Implikationen. In der Biologie kann man erken-nen, dass die Entwicklung von Tieren und Pflanzen von unsichtbaren Organisationsfeldern gestaltet wird, den Trägern der Vorfahrensgewohn-heiten. Zur Entwicklung biologischer Formen gehört nicht nur die Ent-wicklung von Genpools, sondern auch die Entwicklung der morphischen Felder der Spezies.

Durch diese Felder lassen sich, wie schon Charles Darwin angenommen hat, erworbene Anpassungen vererben. Und wenn sich neue Gewohnhei-ten bilden, kann die Evolution infolge von morphischer Resonanz viel ra-scher vonstattengehen und sich ausbreiten, als wenn sie nur vom Transfer der Mutationsgene von den Eltern zum Nachwuchs abhängt.

Durch morphische Resonanz können sich neu erlernte Verhaltensmus-ter in einer Spezies verbreiten. Das Erlernen dieser neuen Fertigkeiten kann im Laufe der Zeit – während sie immer gewohnheitsmäßiger werden – zunehmend leichter werden.

In der Psychologie lassen sich die Geistestätigkeiten als Felder interpre-tieren, die mit den physikochemikalischen Aktivitätsmustern im Gehirn interagieren. Das persönliche Gedächtnis kann als Selbstresonanz aus der Vergangenheit eines Menschen verstanden werden. Eine weniger spezi-fische Resonanz mit unzähligen anderen Menschen in der Vergangenheit verbindet uns alle mit dem kollektiven Gedächtnis und der Kultur unserer Gesellschaft und letztlich mit dem kollektiven Gedächtnis der gesamten Menschheit.

Mittlerweile erscheint der gesamte Kosmos als evolutionär. Die Felder von Atomen, Molekülen, Kristallen, Planeten, Sternen und Galaxien entwickeln sich. Die Hypothese der Formenbildungsursachen stellt somit eine Möglichkeit dar, den Entwicklungsprozess in der ganzen Natur und nicht bloß im Reich der Biologie zu erforschen.

Diese Idee von den Formenbildungsursachen ist mit einer Reihe verschiedener Entstehungstheorien vereinbar, die von der Vorstellung, alles Neue sei letztlich eine Frage des Zufalls, bis hin zur Idee der göttlichen Schöpfung reichen." [5]

Die naturwissenschaftlichen Theorien, die im Rahmen der morphogenetischen Prinzipien beschrieben wurden, verschaffen uns also überaus hoffnungsvolle Perspektiven, indem sie einfach nachvollziehbar begründen, wie alle Individuen, die ihr höchstes Potential weitgehend verwirklichen – hervorragende Individuen umso mehr – allein durch ihr Wesen zur Evolution der gesamten menschlichen Rasse beitragen können.

„… es ist vollbracht"

> *… sie steckten einen Schwamm voll Essig auf ein Yssoprohr*
> *und brachten ihm denselben an den Mund.*
> *Da er nun den Essig genommen, sagte Jesus: es ist vollbracht, und*
> *neigte sein Haupt und gab den Geist auf.*
> Johannes 19, 29–30

Nachdem Jesus gekreuzigt war, blieben seine Jünger und auch seine Mutter bei ihm. Johannes berichtet:

> *„… Jesus wusste, dass schon alles vollbracht war, [aber] damit*
> *die Schrift erfüllt würde, sagt er: mich dürstet.*
> *Es stand da ein Gefäß voll Essig …"*
> Johannes 19, 28

Ein letztes Detail der messianischen Prophezeiungen – *Sie gaben mir Galle zur Speise, und als mich dürstete, tränkten sie mich mit Essig ...* (Psalm 69, 21) – war damit erfüllt und die Aufgabe des Gesalbten, wie im Alten Testament beschrieben und vorausgesagt, war somit vollendet. Aber etwas mehr wurde „vollbracht" als nur die physische Erfüllung der Prophezeiungen.

Durch das außergewöhnlich konsequente und heroische Verhalten des Jesus von Nazareth wurde anscheinend ein neuer Höhepunkt in der menschlichen Entwicklung erreicht, wodurch – in der morphogenetischen Terminologie – **das erste morphische Feld eines neuen Menschentyps** erschaffen wurde.

Der Apostel Paulus verwendet in seinen Kommentaren natürlich eine andere Ausdrucksweise, um dasselbe zu beschreiben – wie etwa in seinem Brief an die israelitischen Gläubigen:

> *Und wiewohl er ein Sohn war, hat er doch an dem, was er litt, Gehorsam gelernt. Und da er vollendet war, ist er geworden allen ...*
> *die Quelle zur ewigen Seligkeit.*
> *... so ist durch eines Gerechtigkeit die Rechtfertigung des Lebens über*
> *alle Menschen gekommen.*
> Hebräer 5, 8–9; Römer 5, 18

Es gibt zahlreiche weitere Ansichten, die das Wesen Jesu betreffen. Manche Gläubigen halten ihn für Gott und von Geburt aus vollkommen. Paulus scheint in den obigen Versen die Meinung zu vertreten, dass Jesus erst durch die konsequente Erfüllung seiner Aufgabe zum „Christus" wurde.

Morphische Resonanz und die „Erlösung von den Sünden"

Wenden wir uns nun dem Thema des Christus-Mysteriums zu, begegnen wir einem Konzept, das allen kritischen Denkern schon immer Schwierigkeiten bereitet hat: die „Erlösung von unseren Sünden durch Christus".

Es fällt uns einfach schwer zu begreifen, dass und wie jemand anderer unsere Fehler kompensieren kann. Ich bin außerdem immer noch mit Fehlern behaftet, was hat mir also die Erlösung gebracht?
    Die Antwort, dass ich dadurch von der Hölle verschont bleibe, hilft mir auch nicht wirklich weiter, insbesondere weil ich an eine physische Hölle und ewige Verdammnis nicht glaube.

Hier kann uns die Theorie der morphischen Resonanz Abhilfe verschaffen und das Rätsel möglicherweise endlich lösen.
    Wie wir gesehen haben, besagt die Theorie, dass der Wesensart jeder Spezies ein morphogenetisches Feld zugrunde liegt, das unter anderem den Austausch von Informationen zwischen Mitgliedern der Spezies erlaubt. Gelernte Verhaltensweisen und vorteilhafte Anpassungen, sofern diese mit ausreichendem Eindruck begleitet sind, können somit an alle Individuen übertragen werden.

Wie wir bereits postuliert haben, hat Jesus durch seinen Erkenntnisprozess und sein Martyrium einen Entwicklungsgrad erreicht wie möglicherweise kein Mensch vor ihm. Dies ist vermutlich der Grund, warum der Apostel Paulus von ihm als dem neuen Adam spricht, der im spirituellen Sinne eine neue Menschengattung hervorbringt.

Abgesehen davon, dass seine Lehre und das Beispiel seines Lebens die Entwicklung der Menschheit maßgeblich beeinflusst haben – was alleine wohl ausreichen würde, um das morphogenetische Feld der Menschheit nachhaltig zu verändern –, haben wohl allein sein Wesen sowie auch seine Transformation eine morphische Resonanzwelle und eine Veränderung ausgelöst, die in der Folge auf alle menschlichen Individuen übertragen wurde – auf jeden Fall in ausreichendem Maß, um die Überlebenschance der Menschheit wesentlich zu verbessern sowie auch ihre Lebensqualität nachhaltig positiv zu beeinflussen.

Viele der Bibelstellen, die das Leben und Wirken des Gesalbten beschreiben, werden verständlicher durch diese Betrachtungsweise:

> *„Der Plan des Herrn wird durch ihn gelingen. ... Mein Knecht, der Gerechte, macht die vielen gerecht; er lädt ihre Schulden auf sich ... und durch seine Wunden sind wir geheilt."*
>
> Jesaja 53

> *Und Jesus selber sagte, „... Wer an mich glaubt, wird die Werke, die ich vollbringe, auch vollbringen, und noch größere ..., denn ich gehe zum Vater."*
>
> Johannes 14, 12

Der Begriff „Vater" kann auch als „Quelle" oder „Ursprung" verstanden werden. Das hebräische Wort *Abba* (Vater) hat *ba* als Wurzel, was „kommen" bzw. „hervorkommen" bedeutet.

Indem Jesus von Nazareth seine Aufgabe vollendet hat, nahm sein individuelles morphisches Feld eine von der Menschheit bis dahin unerreichte Qualität an.

Durch die Verschmelzung seines individuellen Feldes mit dem morphischen Feld der Menschheit wurde diese Qualität auf die gesamte Gattung übertragen.

Dies erhöhte die Möglichkeit für weitere Individuen, die gleiche Ebene zu erreichen, was wiederum die Bahn ebnete, damit noch mehr Individuen dies wiederholen konnten – und wiederholen werden können.

Eine positive Kettenreaktion wurde somit in Gang gesetzt, die kaum wahrnehmbar im Hintergrund waltet und – zusammen mit zwei weiteren mitwirkenden Faktoren – schlussendlich zum Aufstieg der gesamten Menschheit führen wird.

Kapitel 9
Der Neue Mensch

„Alle Objekte auf unserem Planeten unterliegen ständigen und unvermeidlichen Veränderungen, die aus der essentiellen Ordnung der Dinge entstehen.
Alle Erwerbe oder Verluste, die die Natur auf den Einzelnen bewirkt – durch den Einfluss der Umgebung, in der seine Rasse sich eine längere Zeit befindet – werden durch Fortpflanzung auf die neuen Individuen, die entstehen, übertragen." [1]

Jean-Baptiste Lamarck

Jean-Baptiste de Lamarck (1744–1829) war ein französischer Naturforscher, Soldat, Biologe, Akademiker und ein früher Verfechter der Idee, dass die Evolution im Einklang mit vorgegebenen Naturgesetzen verläuft. Er formulierte die erste wirklich zusammenhängende Theorie der Evolution, deren wesentliches Merkmal eine These war, wonach erworbene Eigenschaften vererbt werden können.

Lamarck glaubte, dass die Evolution durch zwei Kräfte angetrieben wird: einerseits durch eine inhärente Eigenschaft der Natur, die Organismen ständig zu einer höheren Komplexität vorantreibt, und andererseits durch die Veranlagung von Lebewesen, sich an wandelnde Umweltbedingungen anzupassen. Diese Letztere geschieht, so Lamarck, durch Gebrauch oder Nichtgebrauch von Fähigkeiten. Es handelt sich dabei um die bekannte Wirtschaftlichkeit und Effizienz der Natur.

Tiere, die in lichtlosen Umgebungen leben, in Höhlenbiotopen beispielsweise, verlieren ihre Sehfähigkeit mit der Zeit und auch ihre Pigmentierung. Der *Proteus anguinus* ist eine Lurchart, die in der ewigen Dunkelheit von Grottengewässern lebt. Dieses als blasser Lurch oder Grottenolm bekannte Tier hat keine Augen und keine Pigmente und ernährt sich von im gleichen Biotop befindlichen Kleintieren und Krebsen, die ebenfalls keine Augen oder Pigmentierung haben.

Ein naher Verwandter des Grottenolms, der *Proteus anguinus parkelj* oder der dunkel gefärbte Olm, lebt in ähnlichen Höhlenumgebungen, wo es allerdings etwas Lichteinfall gibt. Dieses Tier besitzt die gleichen äußeren Merkmale wie sein in Dunkelheit lebender Vetter, hat aber ein schützendes Tarnpigment und funktionstüchtige Augen.

Die Nachkommen beider Tiere werden mit den gleichen Merkmalen geboren wie die erwachsenen Tiere – ihr Sehvermögen und ihre Pigmentierung verändern sich also nicht erst während des Wachstumsprozesses.

Der gleiche Mechanismus scheint auch in der umgekehrten Richtung einzusetzen, sodass Tiere außerordentliche Fähigkeiten oder Eigenschaften entwickeln, die ihre Fortpflanzungs- und Überlebenschance begünstigen – der lange Hals der Giraffe etwa oder die äußerst sensible Zunge des Maulwurfs.

Auch Darwin hat über den Ursprung von manchen außerordentlichen Anpassungen der Tiere, die er beobachtete, gerätselt. Die verschiedenen Finkenarten, denen er auf

Lamarck formulierte die erste zusammenhängende Theorie der Evolution.

den Galapagos Inseln begegnete, hatten offenbar die gleichen Vorfahren, entwickelten aber auffallend verschiedene Schnäbel, die auf ihre spezifischen Nahrungsquellen perfekt angepasst waren, zum Beispiel für das Fangen von Insekten oder das Knacken von Nüssen oder Samen.

Epigenetische Prägung

Diese Fähigkeit von Lebewesen, umweltbedingte Anpassungen an ihre Nachkommen zu vererben, wird in der modernen Biologie mittlerweile unter dem Namen *Epigenetik* erforscht (die griechische Vorsilbe *epi* bedeutet „über", „nach" oder „zusätzlich").

Die Epigenetik hat sich zu einem Spezialgebiet der Genforschung entwickelt, das aus den Untersuchungen über beobachtete vererbbare Veränderungen in der Genexpression entstanden ist. Sie befasst sich insbesondere mit angepassten Zelleigenschaften, die auf Tochterzellen vererbt werden. Man spricht infolgedessen von *epigenetischer Veränderung* bzw. *epigenetischer Prägung*.

Neue epigenetische Eigenschaften werden nicht unmittelbar in der DNA-Sequenz eines Lebewesens festgelegt, sondern durch eine Beeinflussung (Ein- oder Ausschalten) von spezifischen Chromosom-Abschnitten während der Zellteilung wirksam. Es wird allerdings postuliert, dass die Veränderungen mit der Zeit auch in der DNA-Sequenz verankert werden könnten – insbesondere wenn die epigenetische Prägung über viele Generationen anhält, und umso mehr, wenn sie von beiden Geschlechtern getragen wird. Dies wäre eine Erklärung für dauerhafte Mutationen bzw. für die Entstehung von neuen Arten. Es wäre vernünftig anzunehmen, dass die Natur eine sehr praktische Einrichtung besitzt, wodurch sie über zahlreiche Generationen beibehaltene oder gar gestärkte Anpassungen als förderlich für das Gedeihen der Spezies erkennt und diese dann in der DNA verankert. [2]

Epigenetik und Evolution

Obwohl es nicht danach aussehen mag – wenn wir den immer noch bedauerlichen Zustand der Welt betrachten –, wirken die morphischen Resonanzwellen, die durch spirituell fortgeschrittene Individuen* erschaffen wurden, im Hintergrund, um das kollektive Unbewusste oder das morphische Feld der Menschheit nachhaltig positiv zu beeinflussen.

Die Lehren und die Wesensart solcher Individuen befähigen die menschliche Spezies insgesamt, die Realität, in der sie sich befindet, zunehmend aus einer ganzheitlich spirituellen Perspektive zu betrachten.

Wird eine Fähigkeit von Menschen verstärkt benutzt – etwa mathematisches oder musikalisches Talent sowie auch spirituelle Sensibilität –, werden die Regionen im Gehirn, die bei der Anwendung solcher Fähigkeiten zum Einsatz kommen, gestärkt. Der zunehmende und anhaltende Gebrauch der spirituellen Veranlagung des Menschen über Generationen fördert die Entstehung einer auf die Nachkommen vererbbaren epigenetischen Prägung.

In diesem Prozess kommt die „natürliche Selektion", von der Darwin sprach, ebenfalls ins Spiel. In einer Gesellschaft, in der die spirituelle Sensibilität geschätzt wird, werden Individuen, bei denen diese Eigenschaft besonders ausgeprägt ist, bei der Partnerwahl bevorzugt. Die spirituelle Neigung der Menschheit wird von Generation zu Generation somit nochmals verstärkt.

* wie *Jesus von Nazareth, Gautama Buddha, Sokrates, Mahatma Gandhi*
und zahlreiche andere bekannte, aber auch unbekannte Persönlichkeiten ...

Der „Hundertste Affe"-Mythos

Es gibt zahlreiche Beobachtungen und Fallbeispiele, die die These der morphogenetischen Felder bestätigen.[3] Der „Hundertste Affe"-Vorfall, der von dem amerikanischen Autor *Ken Keyes* in seinem gleichnamigen Buch popularisiert wurde, gehört allerdings nicht dazu. Die Berichte von den wissenschaftlichen Beobachtungen der betroffenen Primatengruppen sind aber trotzdem interessant, auch wenn sie keine Belege für Keyes Theorie der „kritischen Masse" bieten.

Es folgt nun die Geschichte, wie sie in Ken Keyes Buch wiedergegeben wurde:

„Die japanische Affenart *Macaca fuscata* wurde in der Wildnis über einen Zeitraum von über 30 Jahren beobachtet. Im Jahr 1952, auf der Insel *Koshima*, begannen Wissenschaftler die Affen mit Süßkartoffeln zu füttern, die sie einfach in den Sand fallen ließen. Die Affen mochten den Geschmack der rohen Süßkartoffeln, aber sie fanden den auf ihnen anhaftenden Sand offenbar als unangenehm.

Ein 18 Monate altes Weibchen namens *Imo* entdeckte, dass sie das Problem durch das Waschen der Kartoffeln in einem nahe gelegenen Bach lösen konnte. Sie brachte diesen Trick ihrer Mutter bei. Auch ihre Spielkameraden lernten diese neue Methode und brachten es ebenfalls ihren Müttern bei. Die Wissenschaftler konnten beobachten, wie diese kulturelle Innovation allmählich von mehreren Affen angenommen wurde.

Zwischen 1953 und 1958 lernten alle jungen Affen, die sandigen Süßkartoffeln zu waschen, um sie genießbarer zu machen. Aber nur die Erwachsenen, die ihre Nachkommen imitierten, nahmen diese soziale Innovation an. Andere Erwachsene aßen weiter die ungewaschenen Süßkartoffeln. Dann geschah etwas Erstaunliches. Im Herbst 1958 pflegte eine gewisse Anzahl von Koshima-Affen ihre Süßkartoffeln zu waschen – die genaue Zahl ist nicht bekannt. Nehmen wir einmal an, dass eines schönen

Morgens 99 Affen auf der Koshima-Insel es inzwischen praktizierten, ihre Süßkartoffeln zu waschen.

Nehmen wir weiter an, dass der hundertste Affe etwas später an diesem Morgen es ebenfalls lernte, seine Kartoffeln im Fluss zu waschen. Dann passierte es! Am Tagesende wusch fast jeder in dem Stamm seine Süßkartoffeln vor dem Verzehr. Die zusätzliche Energie dieses hundertsten Affen erzeugte irgendwie einen ideologischen Durchbruch!

Aber aufgepasst! Ein noch überraschenderes Ereignis wurde beobachtet, nämlich dass die Gewohnheit des Süßkartoffeln-Waschens dann über das Meer sprang – Kolonien von Affen auf anderen Inseln und ganze Gruppen von Affen auf dem Festland *Takasakiyama* begannen plötzlich ihre Süßkartoffeln zu waschen!"[4]

Das Problematische an dieser Geschichte ist, dass der „ideologische Durchbruch", von dem Ken Keyes spricht, nicht stattfand. Während die Wissenschaftler beobachten konnten, wie das Verhalten sich weiter verbreitete, als neue Generationen ihre waschende Artgenossen imitierten, blieben die älteren Affen bei ihrem gewohnten Verhalten und aßen weiterhin sandige Kartoffeln.

Es konnte auch kein eindeutiges „Springen über das Meer" beobachtet werden. Das neue Verhalten trat in den anderen Gruppen zwar vereinzelt auf, verbreitete sich aber langsam, so wie auf Koshima. Der Trick konnte genauso gut von einem intelligenten jungen Affen wie *Imo* einfach neu entdeckt worden sein. Das Beobachtungsumfeld war eigentlich nicht dazu ausgelegt, um feststellen zu können, ob Mitglieder der anderen Affengruppen durch den Einfluss von morphischer Resonanz das neue Verhalten schneller entdecken und leichter lernen konnten.

Die „kritische Masse"

Andere Experimente, die mit Laborratten unter geschlossenen Bedingungen durchgeführt wurden, liefern allerdings eindeutige Belege, die auf den Einfluss von morphischer Resonanz hindeuten. Es wurde beispielsweise beobachtet, dass, sobald einige Ratten das Durchlaufen von einem Labyrinth gelernt hatten, andere Mitglieder der Gruppe das gleiche Labyrinth-Problem messbar schneller zu lösen begannen.

Verbesserte Ergebnisse wurden auch bei Ratten in anderen Gruppen festgestellt, die von den ersten isoliert waren. Die Letzteren mussten das Problem aber trotzdem selber lösen – auch wenn ihnen dies, vermutlich durch den Einfluss der morphischen Resonanz, leichterfiel.[5]

Es wurden bis jetzt aber keine Beobachtungen gemacht, die die Theorie der „kritischen Masse" – die ebenfalls von Ken Keyes beschrieben wird – eindeutig belegen würden. Diese Theorie besagt, dass, wenn genügend Individuen in einer Population eine neue Idee oder ein Verhalten annehmen, es zu einem „ideologischen Durchbruch" kommt, wodurch das neue Bewusstsein – ohne die Einwirkung von externen Erfahrungen – direkt von Geist zu Geist kommuniziert werden kann, sodass alle Individuen in der Population es einfach spontan annehmen.

Tiere kommen generell mit einem stark ausgeprägten Instinkt auf die Welt, wodurch sie zum Beispiel schon wissen, wo sie Nahrung finden können oder in welcher Richtung sich ihr schützender Lebensraum befindet. Je höher entwickelt das Lebewesen ist, umso mehr muss es von seinen Eltern und Artgenossen lernen. Menschen werden mit kaum vorhandenem instinktivem Wissen geboren und müssen so gut wie alles, was sie zum Überleben brauchen, von ihrem Umfeld erst lernen.

Während es eher vorstellbar ist, dass Tiere relativ rasch neues Verhalten direkt über das morphische Feld ihrer Spezies in ihr instinktives

Wissen aufnehmen, dürfte bei höher entwickelten Lebewesen – Menschen und Primaten etwa – ein langsamerer Prozess notwendig sein.

Das Annehmen von neuen Verhaltensweisen und die Verinnerlichung von neuen Erkenntnissen werden von den positiven Einflüssen der morphischen Resonanz und der epigenetischen Prägung zwar wesentlich begünstigt, ein Lernprozess bleibt uns aber nicht erspart.

Das Labyrinth müssen wir trotzdem durchlaufen.

Während eine merklich beschleunigte Verbreitung eines höheren Entwicklungsgrads zu erwarten ist, wenn mehrere Individuen diesen Grad erreichen, gibt es keinen Grund anzunehmen, dass die Entwicklung auf die gesamte menschliche Spezies plötzlich überspringen soll, sobald schon eine relativ geringe Anzahl von Individuen die höhere Stufe erreicht hat.

Wir können heute beispielsweise beobachten, dass ein beachtlicher Prozentsatz der Weltbevölkerung bereits eine progressive, tolerante und relativ aufgeklärte Geisteshaltung angenommen hat, während die meisten Völker und Bevölkerungsgruppen noch Weltanschauungen beharrlich beibehalten, die am ehesten als mittelalterlich zu beschreiben wären. Auch gesellschaftliche Veränderungen, die während der Übergangsphasen von astrologischen Zeitaltern beobachtet werden können, treten nicht plötzlich auf.*

Nach den Vorhersagen der biblischen *Offenbarung des Johannes* dürfte es nach dem Anfang des messianischen Goldenen Zeitalters noch 1000 Jahre dauern, bis wir eine Entwicklungsstufe erreicht haben, die unseren Aufstieg ermöglicht – dies allerdings samt Himmel und Erde:

---

* Diejenigen unter den Maya-Kalender-Enthusiasten, die den Aufstieg der Menschheit für Dezember 2012 vorausgesagt hatten, werden zweifellos einfallsreiche Erklärungen dafür finden, warum dies nicht eingetreten ist.

Und wenn tausend Jahre vollendet sind, ... wird der Tod und die Hölle
in den feurigen Pfuhl geworfen. ... Und ich sah einen neuen Himmel
und eine neue Erde; denn der erste Himmel und die erste Erde verging ...

Offenbarung, Kap. 20–21

Die biblischen Texte verwenden „1000" allerdings häufig als symbolische oder poetische Zahl:

... ein Tag vor dem Herrn ist wie tausend Jahre,
und tausend Jahre wie ein Tag

(Psalm 90, 4; 2. Petrus 3, 8)

Es kann sich hier also um einen undefiniert langen Zeitraum oder
eventuell um ein astrologisches Zeitalter handeln –, aber genauso gut
eben um 1000 Jahre, wie es geschrieben steht.

Wir sollten uns jedenfalls auf einen langsamen Prozess gefasst machen – auch wenn unser letztendlicher Aufstieg bereits vorprogram-
miert sein mag.

Es gibt allerdings Indizien dafür, dass einige von uns möglicherweise
dichter davorstehen könnten, als wir denken.

Lichtnahrung

„Es gibt ein Grundwesen unseres materiellen Erdenseins,
von dem alles Materielle nur durch Verdichtung zustande gekommen ist.
Jede Materie auf der Erde ist kondensiertes Licht! Insofern der Mensch
ein materielles Wesen ist, ist er aus Licht gewoben." [6]

Rudolf Steiner

Die im süddeutschen Konnersreuth 1898 geborene *Therese Neumann* hörte noch vor ihrem dreißigsten Lebensjahr auf zu essen und zu trinken. Sie nahm nur den 8. Teil einer kleinen Hostie und täglich ungefähr drei Kubikzentimeter Wasser (zum Schlucken der heiligen Hostie) zu sich und hielt diesen Verzicht auf Nahrung und Flüssigkeit während 35 Jahren bis zu ihrem Tode aufrecht.

Da sie gleichzeitig stigmatisiert war, das heißt, die sogenannten Wundmale Christi aufwies, erregte sie bald großes Aufsehen in der Öffentlichkeit.

Das veranlasste den zuständigen Bischof in Regensburg, sie einer strengen Beobachtung und Besuchsregelung zu unterwerfen. Unter anderem mussten sich vier unbescholtene Ordensfrauen eidesstattlich verpflichten, Therese Neumann während einer 15-tägigen Beobachtungszeit im Juli 1927 ununterbrochen zu zweit zu überwachen und sie keine Sekunde aus den Augen zu lassen. Sie durften die Frau nur mit einem angefeuchteten Lappen ‚waschen', und in ihrem Zimmer durfte keinerlei Nahrung oder Flüssigkeit aufbewahrt werden. Die vier Ordensschwestern

Therese Neumann, auch *Resl von Konnersreuth* genannt, hörte noch vor ihrem dreißigsten Lebensjahr auf zu essen und zu trinken.

sagten unter Eid aus, dass die Beobachtete während der 15 Tage außer dem erwähnten Krümel einer Hostie und den drei Kubikzentimetern Wasser keinerlei Nahrung oder Flüssigkeit aufgenommen habe.

Bei Beobachtungsbeginn wog Therese Neumann 55 Kilogramm; am ersten Freitag, als die Wundmale bluteten, verlor sie 4 Kilogramm, und im Laufe der folgenden Woche erholte sich das Gewicht ohne Flüssigkeits- und Nahrungszufuhr wieder auf 54 Kilo. Der Vorgang wiederholte sich in der zweiten Beobachtungswoche und bei Abschluss der Beobachtungszeit wog Frau Neumann wieder 55 Kilogramm.

Für die ärztliche Überwachung und Beurteilung der Untersuchung wurde nicht nur ein Sanitätsrat verpflichtet, sondern auch ein reformierter Medizinprofessor der Universität Erlangen, der die Ergebnisse 1927 in der Münchner Medizinischen Wochenschrift Nr. 46 veröffentlichte. Sowohl für die Nahrungslosigkeit wie für die Blutungen wurde Betrug als denkbare Ursache ausgeschlossen.

Dieser Bericht entstammt einem im Jahr 2005 erschienenen Buch mit dem Titel *„Leben durch Lichtnahrung; Der Erfahrungsbericht eines Wissenschaftlers"*.[7] In diesem Buch lesen wir noch von dem Schweizer Nationalheiligen *Niklaus von Flüe* (1417–1487), meist Bruder Klaus genannt, der nach seiner erfolgreichen weltlichen Karriere als Bauer, Offizier und Politiker im Alter von 50 Jahren, nach einer tiefgreifenden mystischen Erfahrung, Familie und Hof verließ und die folgenden 20 Jahre bis zu seinem Tod ohne Essen und Trinken lebte.

Schon damals nahm man das Phänomen der Nah-

Niklaus von Flüe, römisch-katholischer Heilige, Abbildung von einem Altar, früher in der Pfarrkirche von Sachseln, Schweiz, heute im Museum „Bruder Klaus".

rungslosigkeit nicht einfach unkritisch zur Kenntnis und eine Anzahl junger Männer wurde damit beauftragt, den später heilig gesprochenen Niklaus während eines Monats genau zu beobachten, um sicherzustellen, dass kein Schwindel im Spiel war.

Dr. Michael Werner, Co-Autor des oben erwähnten Buches, ist 1949 in Braunschweig, Deutschland geboren und lebt in der Nähe von Basel. Er ist promovierter Chemiker, Dr. rer. nat., und seit 17 Jahren Betriebsleiter eines pharmazeutischen Forschungsinstituts in Arlesheim. Er ist verheiratet und hat drei Kinder. Seit Januar 2001 lebt Michael Werner ohne Einnahme von fester Nahrung und hat dabei auch über längere Zeit – bisherige Versuche erstreckten sich bis auf zehn Tage – vollkommen auf die Einnahme von Flüssigkeit verzichtet.

Davon, wie es bei Dr. Werner zum Umstieg auf „Lichtnahrung" kam und von der wissenschaftlichen Untersuchung, der er in einer Schweizer Klinik unter strengster Beobachtung unterzogen wurde, wird im obigen Buch berichtet und in einem 2010 erschienenen Film dokumentiert. Der Film mit dem Titel *„Am Anfang war das Licht"*[8] berichtet auch von weiteren, noch heute lebenden Personen, die ohne die Einnahme von physischer Nahrung – und einige auch ohne Wasser – ihre Lebensenergie offensichtlich anderweitig beziehen können.

Diese Personen sind gesund, energetisch – manche betreiben Sport und führen sonst problemlos ein normales Familien- und Berufsleben – nur eben, dass sie nichts essen.

In Wirklichkeit besteht physische Nahrung an sich ohnehin aus Energie – aus Licht. Wir leben also eigentlich alle von Lichtnahrung, sind uns dieser Tatsache aber generell nicht bewusst.

Wie es zu der Umstellung auf „Lichtnahrung" kam, ist bei den verschiedenen Personen unterschiedlich.

Der mittlerweile fast 90-jährige indische Yogi *„Mataji" Prahlad Jani* gibt an, seit einer göttlichen Eingebung im Alter von acht Jahren weder gegessen noch getrunken zu haben. (Er wurde mehrmals unter streng kontrollierten klinischen Bedingungen untersucht.)

Die anderen von Licht lebenden Personen haben anscheinend ebenfalls alle einen mehr oder weniger ausgeprägten spirituellen Bezug – auch der beruflich aktive Dr. Werner. Manche sind als spirituelle Lehrer tätig und manche im *Bigu*-Zustand lebende Menschen, wie das Leben durch Lichtnahrung im Orient bezeichnet wird, unterrichten sogar Kampfsport.

Viele Menschen wurden zum Umstieg auf Lichtnahrung von den Büchern und Seminaren der Australierin *„Jasmuheen"* (Ellen Greve) inspiriert. Der Umstieg gelingt natürlich nicht allen Teilnehmern ihres 21-tägigen „Lichtnahrungsprozesses". Es wird zudem davor abgeraten, den Versuch zu forcieren – eine Warnung, die durch einige Todesfälle untermauert wird.

Die Umwandlung scheint spontan einzutreten, sobald ein Mensch dazu reif ist. Es handelt sich um einen Erkenntnisprozess.

„Es geht nicht darum nichts zu essen und zu trinken", wie Michael Werner erklärt, *„sondern anders zu denken."*

Der Lichtkörper

Das Phänomen Lichtnahrung zeigt, dass es offenbar Menschen gibt und wahrscheinlich immer gegeben hat, die keine Nahrung im klassischen Sinne brauchen. Es stellt anscheinend eine Stufe zwischen dem normalen menschlichen Dasein und dem letztendlichen Erlangen eines „Lichtkörpers" dar, das den Aufstieg zu einer höheren Schwingungsebene begleitet.

In unserem gegenwärtigen wissenschaftlichen und kommunikativen Zeitalter ist es möglich geworden, die Realität des Phänomens objektiv anzuerkennen und die Belege einem breiten Publikum zugänglich zu machen. Dies wird einerseits eine ermutigende Wirkung auf diejenigen haben, die das positive Potential der Menschheit bezweifeln, und anderseits dazu beitragen, den Erkenntnisgrad unserer Spezies zu erhöhen.

Beide Faktoren begünstigen wiederum die Verwirklichung unseres positiven Schicksals und die allmähliche Entstehung einer neuen Menschheit.

Die meisten Menschen, die von der Möglichkeit des Umstiegs auf Lichtnahrung erfahren, entscheiden sich dafür, es bei der Erkenntnis zu belassen und ihre Lebensenergie weiterhin auf die herkömmliche Weise aufzunehmen. Essen und Trinken wird immerhin von sehr viel Sinnesgenuss und Lebensfreude begleitet – auch wenn das Anschaffen und die Zubereitung von Nahrungsmitteln Zeit und Geld kostet und mit einigem Arbeitsaufwand verbunden ist. Es soll sich bei dem Umstieg nicht um Verzicht handeln. Entbehrung ist nicht der Weg des Universums.

Diejenigen, die auf Lichtnahrung umgestiegen sind, können bezeugen, dass die verlorenen Sinnesfreuden durch subtilere und befriedigendere seelische Erfahrungen ersetzt wurden.

In unserem jetzigen Zustand empfinden wir die Aussicht auf solche Erfahrungen zumeist nicht als Anreiz, da wir sie uns generell kaum vorstellen können. Während die Menschheit sich aber von Generation zu Generation entwickelt, werden wir ganzheitlichere Werte zunehmend schätzen lernen und verinnerlichen.

Die Verwandlung der Menschheit wird somit einfach ihrem natürlichen Verlauf – zwangslos, aber unaufhaltsam – folgen.

Kapitel 10
Die Zeitenwende

„Heute steht der Mensch an der Schwelle zu einer neuen Zeit, dem Wassermann-Zeitalter, in dem die Menschheit ein neues Bewusstsein und einen neuen Erkenntnisgrad erreicht ..." [1]

Edgar Cayce

„Eine Veränderung, die durch den Abschluss des gesamten Großen Zyklus ausgelöst wird, hat bereits eingesetzt, signalisiert durch eine Verschiebung der resonatorischen Frequenz; diese Verschiebung kündigt das Ende des Großen Zyklus an und gibt eine Vorahnung von dem Glanz unserer galaktischen, solaren und planetarischen Wirklichkeit in der nachfolgenden Ära ... Damit tritt unser Planet in seine nächste evolutionäre Phase ein und sichert sich seinen Platz als neues Mitglied der Galaktischen Gemeinschaft." [2]

José Argüelles

Der dritte Faktor, der dazu dient, das spirituelle Wachstum der Menschheit zu fördern, ist die Konfrontation mit unserer „Dunklen Seite", die uns durch die Krisen der bereits anbrechenden Zeitenwende vor Augen geführt wird.

Der Ausdruck *Wendezeit* oder *Zeitenwende* bezieht sich auf eine Zeit der Vorbereitung unseres Planeten auf das kommende *Goldene* oder *Messianische Zeitalter* und auf unseren turbulenten Übergang in diese Epoche. Die Bibel-Prophezeiungen nennen diese Geschichtsepoche die „Zeit des Endes" oder die „Endzeit", was oberflächlich betrachtet zu dem Schluss führen könnte, dass es sich dabei um das „Ende der Welt" handelt.

Wenn diese Ausdrücke in den Prophezeiungen erscheinen, ist jedoch aus dem Zusammenhang klar ersichtlich, dass sie sich auf das Ende der vorhergehenden Ära bzw. auf die Zeitenwende beziehen.

Astrologen und metaphysisch veranlagte Historiker sprechen von Zyklen in der Geschichte, die sich unaufhörlich wiederholen. Ein solcher Zyklus zum Beispiel ist der *Präzessionszyklus der Äquinoktien* (Tagundnachtgleiche), der in der Regel in zwölf astrologische Zeitalter unterteilt wird. Jedes Zeitalter ist von der Qualität seiner herrschenden Tierkreiskonstellation geprägt, dessen zugesprochene Eigenschaften die Entwicklungsstufen der Menschheit während der jeweilige Epoche widerspiegeln. Es handelt sich dabei um Veränderungen, die die Verhaltensmuster der Menschen individuell sowie auch die Entwicklung der Zivilisationen im Gesamten beeinflussen.

In den heiligen Schriften der Inder begegnen wir einer ähnlichen Lehre, wonach die geschichtlichen Zyklen in vier Zeitalter oder *Yugas* unterteilt sind. Indische Philosophen sind sich über die Länge dieser Yugas nicht einig. Die Angaben liegen im Bereich von einigen 1000 bis mehreren 100.000 Jahren. Das nach archäologischen Schätzungen mehr als 8000 Jahre alte „*Gesetzbuch des Manu*" enthält eine der frühesten bekannten Texte, welche die Yugas beschreiben. Nach den dort befindlichen Darstellungen beträgt die Länge eines vollständigen Zyklus 24.000 Jahre, was in etwa einem kompletten astronomischen Präzessionszyklus entspricht.

Das Ende des Dunklen Zeitalters

Der Großteil der Gelehrten, die sich mit den indischen Heiligen Schriften befassen, ist der Meinung, dass wir uns zurzeit am Ende der sogenannten *Kali-Yuga* und bereits in der Übergangsphase zur *Satya-Yuga* oder ins Goldene Zeitalter befinden.

Der *Kali-Yuga* oder das Zeitalter des Dämonen *Kali* wird als eine Zeit der spirituellen Finsternis bezeichnet. Kali steht für Laster jeder Art – für Streit, Zwietracht, Zwist und Konflikt. In einem Diskurs im *Mahabharata* werden die Attribute des Kali-Yuga beschrieben.

Diese wurden im Laufe der Jahrtausende von mehreren Sanskritgelehrten ergänzt und lassen sich wie folgt zusammenfassen:

- Eine generelle Unkenntnis des Dharma (im weiteren Sinn Ethik, Moral, Pflicht) wird walten, es werden extrem harte Zeiten sein für Menschen mit Idealen und Werten.

- Herrscher werden sich unvernünftig benehmen: Sie werden ungerechte Steuern erheben und eine Gefahr sein für die Welt.

- Menschen werden aus wirtschaftlichen Gründen von Land zu Land ziehen, sie werden einander nicht trauen, sie werden von Geiz und Zorn getrieben, Gewalt und Mord wird alltäglich.

- Die Menschen werden unzufrieden sein mit ihrer Arbeit, abhängig werden von Alkohol und Drogen und süchtig nach diversen Mitteln.

- Eine übermäßige Beschäftigung mit Sexualität und Sinnlichkeit wird die Köpfe der Menschen steuern.

- Hungersnöte und Seuchen werden vermehrt auftreten.

- Die Menschen werden keinen Respekt vor Tieren haben und Fleisch essen.

- Die Wissenschaften werden verfälscht; elektrischer Strom wird eingeführt und Energie aus Atomen gewonnen.

- „Blumen werden innerhalb von Blumen gezeugt und Früchte innerhalb von Früchten [Klonen, Gentechnologie?]; die Wolken werden zu ungewöhnlichen Zeiten Regen vergießen, wenn das Ende der Yuga naht."[3]

Das Wassermann-Zeitalter

Aus astrologischer Sicht befinden wir uns mitten im Umbruch zu einer neuen Epoche. Das *Zeitalter des Wassermanns* verspricht, eine Ära des Nonkonformismus und des Individualismus zu werden. Es wird geprägt von Eigenschaften wie Toleranz, Offenheit und Weltbürgertum. Der Teamgeist des Wassermann-Zeitalters wird sich nicht nur in Forschung und Wissenschaft innovativ auswirken, der neue Zeitgeist wird auch die Menschheit erfassen.

Das Wassermann-Zeitalter fördert eine weltweite Vernetzung und Globalisierung. Es schafft das Fundament, die Probleme der Menschheit weltweit gemeinsam anzugehen.

Aufgrund des Nonkonformismus und Individualismus kann es jedoch bei manchen Gesellschaftsgruppen auch zu einem gefährlichen überheblichen Denken kommen. Auch die Faszination utopischer Gesellschaftsmodelle sowie die Tendenz zum übermäßigen Vertrauen in technologische Lösungen könnten bedrohlich sein.

Das Wassermann-Zeitalter ist durch eine Faszination von Technologie, aber auch durch die Achtung vor humanitären Werten gekennzeichnet. Die Eigenschaften des Wassermannes mit seinem futuristischen Idealismus treten immer stärker in Kraft. Die Vision einer neuen, perfekteren Weltordnung – ermöglicht durch innovative Technologien – wird die Entwicklung unserer Gesellschaft zunehmend bestimmen.

Wir befinden uns seit ca. 2000 Jahren im Fische-Zeitalter, das auch als Zeitalter der Religionen oder als das „christliche" Zeitalter bezeichnet werden könnte. Die christliche Religion und die christlichen Länder haben sich im Lauf der letzten 2000 Jahre als die dominanten Weltmächte durchgesetzt. Es ist auch interessant, dass die ersten Christen den Fisch als ihr Symbol wählten. Die Religionen hatten während des Fische-Zeitalters einen ungewöhnlich starken Einfluss auf das Weltgeschehen, im positiven wie auch im negativen Sinn.

Während die Verbreitung der hohen christlichen Ideale als der positive Pol bezeichnet werden kann, wurde Religion in dieser Zeit missbraucht und als Motor für die grausamsten Handlungen eingesetzt – Verfolgungen, Inquisition, die Kreuzzüge und unzählige Religionskriege.

Während sich einerseits erkennen lässt, dass die aufeinanderfolgenden Zeitalter durch klar ausgeprägte Tendenzen gekennzeichnet sind, können wir auch beobachten, dass die Veränderungen nicht plötzlich eintreten. Ein kommendes Zeitalter beeinflusst das vorherige und umgekehrt. Obwohl wir nach den astronomischen Berechnungen erst im kommenden Jahrhundert in das Wassermann-Zeitalter eintreten, sind die zu erwartenden Veränderungen bereits klar erkennbar. Ideale wie die zunehmende Bedeutung von Menschenrechten oder das Bestreben nach einer vereinigten Welt machen sich immer stärker bemerkbar.

Paradoxerweise üben fundamentalistische und fanatisch-religiöse Strömungen immer noch einen wesentlichen Einfluss auf die Weltpolitik aus. Der Übergang von einem Zeitalter zum nächsten wird typischerweise von größeren Unruhen und Umwälzungen begleitet. Es ist, als ob ein geschichtlicher Abschnitt sich nicht ohne Kampf durch den folgenden ablösen lassen will.

Die Tatsache, dass unser Sonnensystem, gerade wenn wir uns im Prozess des Übergangs zum Wassermann-Zeitalter befinden, sich zudem dem physischen (und somit dem elektromagnetischen) Mittelpunkt der Galaxis nähern wird, scheint bedeutend zu sein. Wie wir anderswo bereits ausführlich besprochen haben, ist dies wohl der Grund, warum die Maya die Wintersonnenwende im Jahr 2012 (nach unserem Kalender) als das Ende ihres alten und den Beginn eines neuen *„Long Count"*-Zyklus betrachteten.[4]

Während die Auswirkungen der vorhin erwähnten astronomischen Konjunktion sicherlich nicht ausreichen werden, um einen plötzlichen Quantensprung im Entwicklungszustand der Menschheit zu verursachen, ist es nicht zu weit hergeholt zu erwarten, dass sie eine konzentrierte Manifestation der Qualitäten des Wassermann-Zeitalters hervorrufen können.

Dies wiederum führt möglicherweise zum Höhepunkt extremer sozio-politischer Ereignisse, die mit der Zeitenwende in Zusammenhang stehen und vor denen uns mehrere prophetische Quellen gewarnt haben.

Die Geburt einer neuen Menschheit

*Das Weib, wenn sie gebärt, ist bekümmert, weil ihre Stunde gekommen
ist. Wenn sie aber das Kind geboren hat, gedenkt sie der Drangsal nicht
mehr, um der Freude willen, daß ein Mensch geboren ist.*

Johannes 16, 21

*Everybody wants to laugh, nobody wants to cry.
Everybody wants to go to heaven, nobody wants to die.*

Albert King (Bluessänger und Gitarrist)

Zeitgenössische politische und wirtschaftliche Analysten sowie mehrere prophetische Texte machen uns darauf aufmerksam, dass uns eine Krisenzeit bevorstehen könnte von einem Ausmaß, das in der Geschichte der Welt noch niemals aufgetreten ist. Eine explodierende Weltbevölkerungszahl, die voraussehbare Lebensmittel- und Trinkwasserknappheit, der exponentiell wachsende internationale Bestand an chemischen und nuklearen Massenvernichtungswaffen, der äußerst zerbrechliche Zustand der globalen Wirtschaft, steigende Massenarbeitslosigkeit, die Kriegsvorbereitungen im Nahen Osten sowie an zahlreichen weiteren Krisenherden und nicht zuletzt der drohende Klimawandel werden als warnende Vorboten angeführt, die nichts Gutes erahnen lassen.

Solche ermahnenden Aussagen werden oft als schlicht negativ aufgefasst. Viele Menschen vertreten die Meinung, dass negative Ereignisse heraufbeschworen werden können, wenn man sie sich vorstellt. Da ist sicherlich viel Wahres daran. Die meisten Wendungen der Geschichte liegen allerdings weit jenseits unseres Vorstellungsvermögens und geschehen völlig unerwartet.

Die Weltbevölkerung war auf die verheerenden Zerstörungen der beiden Weltkriege des 20. Jahrhunderts keineswegs vorbereitet. Die

Einwohner von Nagasaki und Hiroshima hatten die nukleare Hölle, die auf sie einbrach, sich sicherlich nicht vorgestellt. Möglicherweise hat die Menschheit diese misslichen Umstände durch ihre generell negative Geisteshaltung unbewusst heraufbeschworen. Es ist zu hoffen, dass wir in der Zwischenzeit genügend Fortschritte gemacht haben, damit uns solches nicht nochmals widerfährt.

Wir werden die Herausforderungen, die auf uns zukommen, sicherlich meistern können – dies jedoch nicht ohne einige ziemlich schmerzhafte Erfahrungen. Jede Geburt bedeutet eine Krise. Eine Geburt ist mit Gefahren und Schmerzen verbunden. Dies zu ignorieren und zu verleugnen hat nichts mit positivem Denken zu tun. Vor einer Krise ist es angebracht, die mögliche Gefahr nüchtern wahrzunehmen, sich darauf vorzubereiten und vernünftig zu überlegen, was unternommen werden kann, um einen negativen Ausgang abzuwenden.

Schmerzen sind dafür da, um uns mit Nachdruck darauf aufmerksam zu machen, dass etwas nicht stimmt. Es liegt in der menschlichen Natur, dass wir erst dann bereit sind, notwendige Veränderungen vorzunehmen, wenn die Situation, in der wir uns befinden, äußerst unangenehm oder gar unerträglich wird. Wir können nicht erwarten, dass ein spiritueller Wandel bei der gesamten Menschheit eintritt, ohne dass sie etwas zu diesem Wandel motiviert hätte.

Diejenigen von uns, die Bücher – wie beispielsweise das vorliegende – lesen und sich Zeit nehmen, um ihr spirituelles und bewusstseinserweiterndes Wachstum zu pflegen, stellen einen – erfreulicherweise stets wachsenden –, aber immer noch zu kleinen Prozentsatz der Weltbevölkerung dar.

Wir werden auch zugeben müssen, dass wir die größten Wachstumsschübe in unserem Leben infolge von schweren Krisen und schmerzhaften Erlebnissen erfahren haben.

Warum soll es dem Rest der Menschheit anders ergehen?

Es liegt auf der Hand, dass eine vernünftige Einstellung für die anbrechende turbulente Wendezeit ist zu versuchen, die globale Situation genau zu verstehen und zu überlegen, was unsere „karmische" Rolle oder Aufgabe in dieser Zeit sein könnte.

Dafür müssen wir uns ein klares Bild davon machen, was in Wirklichkeit die grundlegenden Ursachen sind, welche die gegenwärtigen negativen Zuständen verursacht haben, und welche wirksamen Maßnahmen wir treffen können, um sie zu beseitigen.

Die Vernichtung des Bösen

> *„Unwissenheit und Verblendung sind die Wurzeln allen Übels."*
>
> Sokrates, Gautama Buddha …*

> *„Es gibt kein Verbrechen, egal wie abscheulich es auch sein mag, das ich mir nicht vorstellen kann, unter ähnlichen Umständen selbst begehen zu können."*
>
> Fjodor Dostojewski

Die grundlegende Erkenntnis, zu der die Menschheit gelangen muss, um eine höhere Evolutionsstufe zu erreichen, ist, dass die Situation, in der sie sich befindet, eine Manifestation ihres eigenen Bewusstseinszustands ist.

Das Sündenbock-Syndrom tritt in der Geschichte wiederholt auf. Hunderttausende Aristokraten und Feinde der Revolution wurden während der Französischen Revolution umgebracht. Die Nationalsozialisten waren davon überzeugt, dass Menschen israelitischer Abstammung für alles Übel in der Welt verantwortlich seien. In unserer Zeit beginnt sich die Überzeugung vermehrt zu verbreiten, dass die

---

* Diese Wahrheit wurde von zahlreichen Philosophen und Mystiker aller Zeiten erkannt.

macht- und geldgierige globale Elite beseitigt werden muss, um eine gerechte Gesellschaftsordnung entstehen zu lassen.

Es gibt mehrere Beispiele von wohlwollenden Aristokraten oder wohlhabenden Gönnern, die gut gemeinte soziale Experimente durchführten, indem sie ihren Reichtum und Besitz im Namen der Gerechtigkeit an ihre Untergebenen verteilten. Es dauerte nicht lang, bis die Empfänger dieser großzügigen Zuwendungen untereinander zu streiten begannen. Untergruppierungen und Cliquen bildeten sich aus. Eine kleine Elite begann die Führung zu übernehmen. Sie schufen in kürzester Zeit eine Struktur, die eine Miniaturausgabe der globalen Gesellschaftsordnung war. *

Solange der Mensch auf seinem bisherigen niedrigen Erkenntnisniveau bleibt, wird er nur das manifestieren können, was seiner Unwissenheit entspricht. Er wird Fortschritte machen, sobald er die Gesetzmäßigkeiten des Universums zu verstehen beginnt und erkennt, dass die Wurzel alle seiner Probleme in seinem eigenen Selbst liegt.

* Siehe dazu Roman und Film
„Herr der Fliegen", William Golding

Die globale Elite

Schon seit den Anfängen unserer Zivilisationsepoche – seit der Entstehung der ersten Königreiche und Imperien – haben sich elitäre Klassen gebildet, die die Kontrolle über die Regierungen, gesetzgebenden Organe, Religionen und militärischen Einrichtungen ausübten –, aber vor allem wegen ihres alleinigen Landbesitzanspruches über die Produktion und Verfügbarkeit von Lebensmitteln. Eine weitere globale Einrichtung, die ebenfalls von einer kleinen Elite dominiert wird – die wiederum in enger Kooperation mit der restlichen globalen Elite steht –, ist das Wirtschaftssystem.

Die letzten Überbleibsel von Leibeigenschaft in Europa wurden erst vor etwa 100 Jahren abgeschafft. Gemeine Bürger durften aber bereits einige 100 Jahre früher Land besitzen und viele Bauernhöfe weltweit wurden Eigentum von einfachen Leuten – vor allem in der Neuen Welt.

In der zweiten Hälfte des 20. Jahrhunderts wurde die Industrialisierung der Landwirtschaft eingeführt. Einige wenige, im Besitz der Wirtschaftselite befindliche Saatgutkonzerne begannen zugleich den globalen Saatgutmarkt zu dominieren. Kleinere Bauernhöfe verschwanden nach und nach. Ihr Ackerland wurde von relativ wenigen, großen, industrialisierten Landwirtschaftsbetrieben aufgekauft.

Diese wiederum wurden zunehmend von der globalen Wirtschaftselite abhängig, da Letztere nicht nur das Saatgut lieferte, sondern auch den Zugang zu den Absatzmärkten kontrollierte. Die wichtigsten großen Agrarbetriebe und Plantagen weltweit wurden mittlerweile in Aktiengesellschaften verwandelt und werden von diversen internationalen Wirtschaftsunternehmen kontrolliert. Dies gilt ebenfalls für sämtliche Lebensmittel-Einzelhandelsketten.

Im Zuge der lang anhaltenden Weltwirtschaftskrise, die 2007 begann, waren die verschuldeten Länder gezwungen, ihre essentiellen Versorgungseinrichtungen an die Wirtschaftselite zu verkaufen. Globale Fondsmanagement-Firmen und mit der Elite kooperierende diktatorische Regierungen (z. B. China) sind auch fleißig damit beschäftigt gewesen, alles noch erhältliche Ackerland weltweit aufzukaufen.

Auf diese Weise wurde nochmals sichergestellt, dass die gesamte globale Infrastruktur von einer verschwindend kleinen elitären Minderheit kontrolliert wird, die die restliche Bevölkerung in Abhängigkeit hält – wie schon seit Tausenden von Jahren.

Wir haben diese Situation sowie auch die Umstände des Übergangs in das kommende Zeitalter in unserem „Zeitenwende"-Buch und der gleichnamigen DVD-Reihe[5] bereits ausführlich beschrieben und es ist nicht notwendig, für unser jetziges Thema alle Details zu wiederholen. Wesentlich für uns jetzt ist es zu wissen, dass eine organisierte und koordiniert agierende globale Elite seit Jahrzehnten daran arbeitet, eine repressive Weltregierung aufzubauen, die nicht davor zurückschrecken wird, drakonische freiheitseinschränkende Maßnahmen einzusetzen, um ihre Ziele zu erreichen.

Befreiung von Angst

> *„Angst verursacht Leid, Leid führt zu Hass,*
> *Hass ist der Pfad zur Dunklen Seite."*
> Meister Joda, *Krieg der Sterne*, Episode I

> *… welcher uns errettet hat von der Obrigkeit der Finsternis […]*
> *und erlöste die, so durch Furcht des Todes im ganzen Leben*
> *Knechte sein mußten.*
> Kolosser 1, 13; Hebräer 5, 13

Es liegt offenbar in der menschliche Natur – unserer jetzigen Entwicklungsstufe entsprechend –, dass viele von uns dazu neigen, ihre Mitmenschen zu unterdrücken und auszubeuten, um es sich auf deren Kosten gut gehen zu lassen. Andererseits ist der größte Prozentsatz der Bevölkerung zu leicht gewillt, sich unterdrücken zu lassen und Ungerechtigkeiten – gegen andere, aber auch gegen sich selbst – zu dulden. Dies geschieht aus Angst vor der Gefährdung der eigenen Sicherheit oder um Kinder und Familie zu schützen.

Die gefälschten, etablierten Religionen haben natürlich seit Jahrtausenden eine wesentliche Rolle dabei gespielt, den Status Quo zu erhalten, indem sie das Volk davon überzeugen konnten, dass die herrschende Elite aus Gottes Gnade regiert und dass die jeweilige Gesellschaftsordnung von Gott gewollt ist.

Die herrschenden Klassen haben ihr Handwerk offenbar gut verstanden, da es in dem 8000-jährigen Bestehen dieses Systems kaum Volksaufstände gegeben hat. Die Umstände müssten schon unerträgliche Extreme der physischen Gefährdung oder Ungerechtigkeit erreicht haben, um Menschen dazu zu treiben, ihr Leben bei einer Rebellion aufs Spiel zu setzen.

Die Struktur unserer Gesellschaft ist letztendlich auf Angst aufgebaut. Die Urgroßmutter aller Ängste ist die Angst vor dem Tod. Angst entsteht aus Unwissenheit. Es ist kein Zufall, dass alle Kulturen und Sprachen „Finsternis" als ein Symbol für Unwissenheit verwenden. Furcht vor der Dunkelheit ist eine der Urängste der Menschen. Der Tod lauerte in der Nacht und in dunklen Höhlen.

Indem wir mehr und mehr über die wahre Beschaffenheit und den Zweck des Universums zu lernen beginnen und ebenso über unsere Rolle in der kosmischen Ordnung, beginnt auch unsere Angst vor dem Tod zu schwinden. Die wachsenden Erkenntnisse eines Menschen über die Gesetzmäßigkeiten des Universums üben einen entsprechend positiven Einfluss auf seine Entscheidungen und auf seinen Umgang mit den Mitmenschen aus.

Ein wahrlich aufgeklärter Mensch lässt sich nicht unterdrücken und duldet auch keine Ungerechtigkeit gegen andere.

Wie wir vorhin bereits angedeutet haben, wird die globale Elite versuchen, eine – nach außen hin gerechte, aber äußerst repressive – Weltregierung aufzubauen. Die Voraussetzung für das Funktionieren dieses globalen utopischen Systems – die „Neue Weltordnung" – wird der Glaube an die Fähigkeit des Menschen sein, eine perfekte Gesellschaft zu schaffen.

Diese Idee gerät naturgemäß in Konflikt mit den Inhalten mancher traditionellen Religionen, welche in dem neuen System das Reich des „Antichristen" sehen werden. Aus diesem Grund wird die neue Weltregierung diese Religionen als Quellen gefährlicher antisozialer Propaganda und falscher Mythen bekämpfen, die die Menschen davon abhalten, dem neuen System ihr Vertrauen zu schenken.

Natürlich werden alle, die an der Fähigkeit der Regierung, eine vollkommene Gesellschaft zu bilden, zweifeln oder die sich weigern, die

Bedingungen zur Teilnahme am neuen computerisierten, bargeldlosen Weltwirtschaftssystem zu erfüllen oder sich den immer repressiveren Maßnahmen zu fügen, ebenfalls als Gefahr für die Menschheit betrachtet werden.

Diese „reaktionären Elemente" und „Feinde der Revolution" werden verfolgt und unter Umständen getötet, wie wir es ja auch unter manch anderem repressiven Regime, das unter der Fahne des „Idealismus" gesegelt ist, erleben konnten. Es ist nichts Neues in der Geschichte, dass die größten Verbrechen im Namen des Idealismus verübt werden.

Dieser letzte Versuch der elitären Mächte, sich gewaltsam durchzusetzen, wird die ganze Weltbevölkerung vor potenziell lebensbedrohliche Entscheidungen stellen und jeden einzelnen Menschen zu einer konsequenten Auseinandersetzung mit seinen wahren ethischen, religiösen und metaphysischen Überzeugungen zwingen. Die Situation wird nicht viel anders sein als in Deutschland unter dem Nationalsozialismus. Die Bevölkerung hatte die Wahl, entweder mitzumachen oder sich zu widersetzen, wobei Widerstand meist die Internierung im KZ oder den unmittelbaren Tod bedeutete.

Die Verfolgungen werden sich diesmal aber nicht auf einige wenige Länder beschränken, sondern globale Ausmaße erreichen. Die Prophezeiungen betonen allerdings auch, dass diese „Zeit der Trübsal", wie die Texte sie nennen, auf nur dreieinhalb Jahre begrenzt sein wird. Dieses Wissen wird sicherlich ein Trost sein für diejenigen, die die Verfolgungen durchstehen müssen.

Die Propheten des neuen Zeitalters

Zur Zeit der dreieinhalbjährigen „Terrorherrschaft" der neu aufgestellten Weltregierung werden die Menschen mit Entscheidungen, von denen ihr eigenes Überleben oder ihr Tod bzw. das Schicksal ihrer Mitmenschen abhängen könnte, konfrontiert und zu tiefer Selbsterforschung gezwungen werden. Sie werden sich ernsthaft mit Fragen darüber, was richtig oder falsch ist, mit dem Sinn des Lebens, dem Leben nach dem Tod etc. auseinandersetzen müssen. Sie werden sich in dieser Zeit um Rat und Hilfe an diejenigen wenden, die sich schon seit Jahren mit solchen Fragen beschäftigt und eine gewisse Wissens- und Erfahrungsgrundlage sowie Zuversicht erlangt haben.

Dies wird aber einen intensiven Wachstumsprozess bedeuten, auch für den spirituellen Lehrer. Viele werden sich die Frage stellen, ob es wirklich ihre „karmische" Aufgabe ist, andere zu unterweisen, und ob sie dazu wirklich fähig oder reif genug sind. Andere wiederum werden auf die Konsequenz ihrer Überzeugungen geprüft und ob sie wirklich bereit sind, sich Gefahren auszusetzen, um ihren ethischen Grundsätzen gerecht zu werden.

Das Spirituelle Erwachen der Menschheit

Es ist sicherlich nicht angebracht, auf einer bestimmten Interpretation der prophetischen Texte zu beharren oder an spezifischen Visionen der Zukunft dogmatisch festzuhalten. Ob das Weltgeschehen sich genauso entfalten wird, wie vorhin beschrieben, ist natürlich ungewiss.

Eines ist jedenfalls klar – es wird in der nächsten Zeit für alle mehr und mehr sichtbar werden, dass unsere Welt ernsthaft aus dem Lot geraten ist. Die von Menschen verursachten Probleme – seien es Umweltzerstörung, Wirtschaftskrisen, wachsende Armut und soziale Ungerechtigkeit, Terroranschläge oder Krieg – werden lauter und lauter nach Lösungen schreien.

Ein Teil der Weltbevölkerung wird glauben, dass die Lösungen allein in verbesserten technischen Vorrichtungen, stärkerer Kontrolle oder strengeren Gesetzen liegen. Ein anderer Teil wird die Wurzel des Übels eher im mangelnden Verständnis und fehlenden Respekt für die universellen spirituellen Gesetzmäßigkeiten finden. Es wird nicht leicht werden, zu einer gesunden Synthese der beiden Ansichten zu gelangen.

Die Lage wird zunehmend vordringlicher werden und niemand wird sich länger den Luxus leisten können, sich nicht mit der Problematik und mit seiner eigenen Weltanschauung ernsthaft zu beschäftigen.

Die kritischen Zustände und die zum Teil gewalttätigen Auseinandersetzungen werden zu einer weltumfassende Katharsis und Läuterung führen, die das spirituelle Wachstum der Menschheit wesentlich beschleunigen und den Eintritt in ein „Goldenes Zeitalter" erst ermöglichen werden.

Kapitel 11
Das „Goldene Zeitalter"

„Es gab keine Armen und keine Reichen, es gab keine Notwendigkeit zur Arbeit, weil alles, was Menschen verlangten, durch die Kraft des Willens erwirkt wurde. Verzicht auf alle weltlichen Begierden war die wichtigste Tugend.
Das Krita-Yuga war ohne Krankheit, es gab keine Schwächung mit den Jahren, es gab keinen Hass oder Eitelkeit oder böse Gedanken, keine Trauer, keine Angst.
Alle Menschen konnten die höchste Glückseligkeit erreichen."
Das Mahabharata (ca. 8. Jh. v. Chr.)[1]

Da werden sie ihre Schwerter zu Pflugscharen und ihre Spieße zu Sicheln machen. Denn es wird kein Volk wider das andere das Schwert erheben, und sie werden hinfort nicht mehr lernen, Krieg zu führen.
Da werden die Wölfe bei den Lämmern wohnen und die Panther bei den Böcken lagern. Ein kleiner Knabe wird Kälber und junge Löwen und Mastvieh miteinander treiben.
Kühe und Bären werden zusammen weiden, daß ihre Jungen beieinander liegen, und Löwen werden Stroh fressen wie die Rinder.

Und ein Säugling wird spielen am Loch der Otter, und ein entwöhntes
Kind wird seine Hand stecken in die Höhle der Natter.
Man wird nirgends Sünde tun noch freveln … denn das Land wird voll
Erkenntnis des Herrn sein, wie Wasser das Meer bedeckt.

Jesaja 2, 2–4; 11, 6–9

Der *Satya-Yuga,* auch *Krita-Yuga* genannt, wird in der indischen Philosophie als ein „Zeitalter der Wahrheit und Reinheit" (*sat* = Wahrheit) beschrieben, wenn – wie es heißt – die Menschheit von ihrer Göttlichkeit regiert wird, wenn jede Manifestation oder Arbeit nah am reinsten Ideal liegt und die Menschen von ihrer innewohnenden Güte geleitet werden. Diese Ära wird zeitweise auch als das „Goldene Zeitalter" bezeichnet.

Nach den Darstellungen der vedischen Heiligen Schriften, wird der letzte *Avatar* (Manifestation) des Herrn *Vishnu,* der *Kalki-Avatar,* am Ende des Kali-Yuga erscheinen, um Kali und seine dunklen Mächte zu besiegen und um die Satya-Yuga einzuführen. Der Kalki-Avatar wird bei seiner Ankunft mit einem gezogenen flammenden Schwert dargestellt, reitend auf einem weißen Pferd.[2]

Diese Beschreibungen zeigen auffallende Ähnlichkeiten mit den Darstellungen im Neuen Testament von der Wiederkehr Christi, der das Reich des Antichristen vernichtet und sein eigenes Reich auf Erden und somit das Messianische Zeitalter einführt:

Und ich sah den Himmel aufgetan; und siehe, ein weißes Pferd,
und der darauf saß, hieß Treu und Wahrhaftig und richtet und
streitet mit Gerechtigkeit.
Und seine Augen sind wie eine Feuerflamme … und aus seinem
Munde ging ein scharfes Schwert …

Offenbarung 19, 11–16

Das gezogene flammende Schwert des Kalki-Avatar erinnert zudem auch an das brennende geschwungene Schwert des Cherubim im 1. Buch Mose, der den Weg zu dem Baum des Lebens bewachte.

Ein wesentlicher Unterschied zwischen den vedischen und judeo-christlichen Vorstellungen der geschichtlichen Epochen ist, dass die biblische Darstellung das Goldene oder Messianische Zeitalter nicht als Beginn eines neuen langen Zyklus der Menschheitsgeschichte be-trachtet, sondern als die Übergangsphase zum endgültigen Aufstieg der Menschheit in eine höhere Dimension:

> *„Und wenn tausend Jahre vollendet sind, … sah ich einen neuen Himmel und eine neue Erde; denn der erste Himmel und die erste Erde verging … "*
>
> Offenbarung, Kap. 20–21

Auch die neusten astrophysischen Erkenntnisse über die „Sterblich-keit" von Sternen bestätigen die Annahme, dass unser gegenwärtiger physischer Lebensraum nicht unendlich bestehen kann.

Bei den Beschreibungen der „Wie-derkunft Christi" oder der „Ankunft des Kalki-Avatars" gehen die Mei-nungen auseinander, ob diese bloß als Symbole für die eventuell spon-tan auftretende Erleuchtung der Menschheit verstanden werden sol-len oder ob es sich dabei tatsächlich um das Erscheinen eines spirituellen Lehrers handeln könnte. Manche

Der *Kalki-Avatar* wird bei seiner Ankunft mit einem gezogenen flammenden Schwert dargestellt, reitend auf einem weißen Pferd.

Theorien beziehen die Möglichkeit einer außerirdischen Intervention als Erklärung mit hinein, insbesondere da in den biblischen Texten davon die Rede ist, dass der Messias bei seiner finalen Rückkehr von einer „Himmlischen Schar" begleitet wird.[3]

Die Geschichte zeigt, dass wesentliche Fortschritte in der Entwicklung der Menschheit von außerordentlichen Individuen eingeleitet worden sind. Manche Historiker vertreten sogar die Meinung, dass die gesamte Menschheitsgeschichte mittels der Biographien von einigen 100 hervorstechenden Persönlichkeiten erzählt werden kann.

Da wir es bei den Übergangsphasen der astrologischen Zeitalter, wie bereits festgestellt, mit zeitlich ausgedehnten Prozessen zu tun haben – auch die vedischen Schriften bestätigen, dass die Yugas sich nur langsam ablösen –, wäre eine plötzliche Erleuchtung der Menschheit eher auszuschließen. Die anderen Faktoren, die wir bereits erwogen haben, deuten ebenfalls auf eine langsame Wachstumsphase hin.

Es steht uns frei, darüber zu spekulieren, von wem oder wie dieser Entwicklungsprozess angeführt wird. Die prophetischen Texte sowie auch die Beobachtung von bereits anlaufenden Prozessen geben uns allerdings einige wichtige Hinweise auf die zu erwartenden Veränderungen.

Bei den Beschreibungen der „Wiederkunft Christi" oder der „Ankunft des Kalki-Avatars" beziehen manche Theorien die Möglichkeit einer außerirdischen Intervention als Erklärung mit hinein.

Das Leben im Goldenen Zeitalter

Man warf Mahatma Gandhi vor, dass er in der Vergangenheit lebe, weil er die *Cottage-Industries* (Heimherstellung von Stoff und anderer Grundbekleidung, Werkzeuge etc.) befürwortete und für Eigenversorgung und kleine Dorfbetriebe im Bereich der Lebensmittelversorgung plädierte. „Nein", antwortete er, „ich bin meiner Zeit voraus."

Ein anderer zeitgenössischer Prophet (heute würden wir *Channel-Medium* sagen), der Anfang des 20. Jahrhunderts in Amerika unter dem Namen *Awak* bekannt war, sah in seinen Zukunftsvisionen eine weltweite Gesellschaftsstruktur, die im Gegensatz zum heutigen Stadtsystem auf einer Kleingemeinschaftsbasis aufgebaut wird. Die Weltbevölkerung wird sich demnach in kreisförmige, mehr oder weniger autonome Kleindörfer gruppieren, die das umliegende Land bewirtschaften und so weit wie möglich selbstversorgend sein werden.

Wie das Leben im Goldenen Zeitalter sein dürfte, ist ein Thema, das wir hier nur ansatzweise behandeln können. Wir müssten ihm einen ganzen Band widmen, um dieser Sache einigermaßen gerecht zu werden. Die Ideen, die im Folgenden angeführt werden, sind eine Kombination von realen Möglichkeiten und utopischen Vorstellungen. Sie sollen lediglich als Denkanstöße und keineswegs als eine ausführliche Behandlung dieser Thematik verstanden werden.

Das Bildungswesen:
„Wissen ist Macht" – und die wirksamste Methode, Menschen zu entmachten, ist, ihnen wichtiges Wissen vorzuenthalten – oder noch besser, sie zu belügen. Bildung war über die Jahrtausende stets einer kleinen, aus den oberen Klassen stammenden Minderheit vorbehalten. Die restliche Bevölkerung wurde mit Desinformationen abgespeist, die die falschen Religionen verbreitet haben.

In der heutigen Zeit hat so gut wie jeder Mensch (zumindest in den „entwickelten" Ländern) Zugang zur Bildung – auch wenn dies hauptsächlich dazu dient, die Bevölkerung zu befähigen, sich in die Gesellschaft einzufügen, um Arbeiten nachzugehen, mit denen die meisten sich nicht identifizieren und die sie lediglich aus wirtschaftlichen Zwängen verrichten. Als Hauptdesinformationslieferanten wurden die falschen Religionen mittlerweile von den Massenmedien weitgehend abgelöst.

Nichtsdestotrotz haben wir in dem anbrechenden Wassermann-Zeitalter Zugang zu Wissen wie nie zuvor in der Menschheitsgeschichte. Es kommt nicht von ungefähr, dass dieses als das Informationszeitalter bezeichnet und durch den Wassermann symbolisiert wird, der aus seinem Krug eine üppige Wissensflut ungehindert fließen lässt – auch wenn die globale Elite alles daran setzen wird, das in der nächsten Zeit so weit wie möglich zu drosseln (z. B. via Kontrolle über das Internet).

Alle Menschen weltweit werden im kommenden Zeitalter Zugang zur Bildung haben. Die Erziehung und das Bildungswesen werden die wichtigsten Rollen dabei spielen, die Menschheit zu erleuchten und sie für ihren letztendlichen Aufstieg vorzubereiten.

Die östliche Tradition lehrt, dass es mehrere *Yogas* oder Möglichkeiten der Wiedervereinigung mit dem Göttlichen gibt. Die Menschen unserer Zeit haben die größte natürliche Affinität zum *Jnana Yoga*, dem „Weg des Wissens". Die jüngsten Entdeckungen in der Physik, Kosmologie und Genetik offenbaren das Wesen der Wirklichkeit und die Beschaffenheit des Universums auf eine Weise, die unserem Geist und Verstand zugänglich ist.

Diese Informationen harmonieren zudem mit den tieferen spirituellen Lehren der Menschheit und geben klare Antworten auf die grundlegendsten Fragen des Lebens.

Die Tatsache, dass die Festigkeit der physischen Welt eine Illusion ist und Materie in Wirklichkeit aus Energie besteht, ist für uns heute fast selbstverständlich. Vor 100 Jahren war dieses Konzept jedoch revolutionär. Künftige Generationen werden schon mit den aktuellsten wissenschaftlichen Erkenntnissen aufwachsen. Was für uns heute noch schwer zu begreifen ist – Einsichten aus der Welt der Quantenphysik und Kosmologie zum Beispiel – werden nachfolgende Generationen als selbstverständlich empfinden.

Die wichtigste Schlussfolgerung, die sich aus der Summe der neuesten wissenschaftlichen Entdeckungen bereits herauszukristallisieren beginnt, ist, dass alles eins ist – dass **das gesamte Universum ein einziges, intelligentes, lebendes Wesen** ist.

Menschen, die mit dieser Einsicht aufwachsen, werden einen radikal anderen Zugang und eine offenherzigere Einstellung zu ihren Mitmenschen haben als wir heute.

Die kommenden Generationen werden schon als Kinder über die Beschaffenheit des Universums unterrichtet und in Techniken der Meditation und Entspannung eingewiesen, damit die Harmonisierung mit dem lebendigen Fluss und der Kraft des intelligenten Universellen Geistes ein selbstverständlicher Bestandteil ihres Wesens sein wird.

Religion:
Das Wissen um die Einheit und Verbundenheit aller Dinge ist die profundeste und grundlegendste esoterische Lehre aller wahren Religionen. Diese Erkenntnis, die in der Vergangenheit nur intuitiv erfasst und von einer kleinen Zahl von ausgewählten Mystikern realisiert werden konnte, ist nun für alle Menschen begreifbar geworden, veranschaulicht durch unwiderlegbare wissenschaftliche, empirische Beweise.

Dies ist der Punkt, an dem wahre Wissenschaft und wahre Religion sich verschmelzen – wo die Wissenschaft (*science* = Wissen) der Religion zu dienen beginnt – *re-legio*, die Wiedervereinigung des Menschen mit seiner Quelle.

Die Geistlichen der Zukunft werden mit den Naturwissenschaften genauso vertraut sein wie mit den Heiligen Schriften. Sie werden zudem in den Lehren aller Religionen ausführlich unterrichtet. Ihre Funktionen werden denen der Schamanen und Medizinmänner (und -frauen) der Stammeskulturen der Vergangenheit ähneln und sie werden den Dorfgemeinschaften in dieser Art und Weise dienen.

Die Ethik der Zukunft wird nicht länger auf Furcht von Bestrafung basieren. Menschen werden ethisch handeln, in wachsender Konsequenz mit ihrem zunehmenden Verständnis um die Beschaffenheit des Universums.

Das Wirtschaftssystem:
Das gegenwärtige Wirtschaftssystem ist im Grunde genommen ein Tauschsystem. Geld ist ein Tauschmittel. Tausch basiert auf Misstrauen – eine milde Form von Angst: Ich gebe dir etwas nur dann, wenn du mir auch etwas gibst. Es ist ein System, das eine Distanz zwischen Menschen impliziert.

Der Lebensinhalt des Großteils der Menschheit in der vergangenen Geschichtsepoche bis in die Gegenwart war/ist überwiegend auf Lebenserhaltung, Fortpflanzung und die Befriedigung von physischen Bedürfnissen ausgerichtet.

Menschen im kommenden Zeitalter werden eine völlig andere Lebenseinstellung haben, basierend auf den neu gewonnenen Erkenntnissen um die Einheit allen Lebens, aller Dinge. Die Menschheit wird ein gemeinsames Ziel haben im Einklang mit dem „Ziel" des Universums, das auf die Erhöhung der Lebensqualität und auf Bewusstseinserweiterung ausgerichtet ist.

Die Menschen werden sich ihres zukünftigen Schicksals bewusst sein – dass sie mit der Zeit in eine höhere Dimension aufsteigen und weniger entwickelte Wesen in ihrer Evolution unterstützen werden.

Durch die Wahrnehmung des gemeinsamen Ziels werden Menschen keine Distanz mehr untereinander verspüren. Alles, was benötigt wird, wird einfach produziert und frei zur Verfügung gestellt. Die Kritik, dass so ein System nur Faulheit unterstützen würde, setzt noch die alte Denkweise als Ausgangspunkt voraus. Wir Menschen sind eigentlich so geschaffen, dass wir Glück und Erfüllung nur dann erleben, wenn wir eine sinnvolle Tätigkeit ausüben.

Die Zusammenarbeit mit Gleichgesinnten zur Verwirklichung gemeinsamer Ziele entspricht zudem unserer ursprünglichen Natur und wird von uns Menschen als äußerst angenehm und erfüllend empfunden. Das Verlangen nach Ersatzbefriedigungen, das die vorherige Epoche gekennzeichnet hat, wird somit nach und nach wegfallen.

Das Gesundheitswesen:
„Städte sind die Krebsgeschwüre, die auf dem Sozialkörper wuchern."
   Was hat diese Aussage des Historikers *Arnold Toynbee* mit Gesundheitspolitik zu tun? Ganz einfach: Das Physische ist eine Manifestation des Geistigen und umgekehrt. Die gleichen disharmonischen Haltungen, die uns dazu bewogen haben, die horrenden urbanen Höllen zu errichten, die wir Städte nennen, manifestieren sich auf der physiologischen Ebene ebenfalls und lassen ähnliche unkontrollierte pathologische Wucherungen in unseren Körpern entstehen.
   Eine veränderte Lebenseinstellung bringt eine Gesundung des Körpers mit sich. Nach dem Zukunftstheoretiker Friedhelm Wegner wird das Gesundheitswesen der Zukunft dadurch gekennzeichnet, dass *„jeder weitgehend sein eigener Arzt ist, indem er seine Lebensführung bewusst in die Hand nimmt"*.[4]

Der harmonische Umgang mit der Natur, eine menschengerechte Ernährung und das verbreitete Wissen um die Wirkung von Heilkräutern werden ein großangelegtes Gesundheitssystem überflüssig machen.

In den Passagen aus der Offenbarung des Johannes, die das Messianische Zeitalter beschreiben, lesen wir:

> *„Und er zeigte mir einen lauteren Strom des lebendigen Wassers, …*
> *und auf beiden Seiten des Stromes den Baum des Lebens, … und die*
> *Blätter des Baumes sind zur Heilung der Völker."*
> Offenbarung 22, 1

Weitere Aspekte:
Wie mit den anderen Facetten unseres Erdendaseins umgegangen wird – Sexualität, Partnerschaft, Rechtsprechung, Landwirtschaft etc. –, lässt sich aus den oben beschriebenen, neuen, holistischen Weltanschauungen und den entsprechenden Lebensinhalten ableiten. Einige Hypothesen dazu:

„Da im neuen Zeitalter deutlich weniger Menschen leben, ist die Umwelt merklich entlastet. Einen Konkurrenzkampfsport gibt es nicht mehr, denn er ist mit einem spirituellen Bewusstsein unvereinbar. Es wird nur noch Gesundheitssport betrieben.

[...] Vieles wird im neuen Zeitalter in einem ganz anderen Licht gesehen werden. So wird z.B. die Zweigeschlechtlichkeit nicht mehr in erster Linie zur Zeugung von Nachkommen verstanden, sondern als Voraussetzung für die Bewusstseinsentwicklung und als Hinweis auf die Einheit zweier Wesen.

Vor den sehr wahrscheinlichen Katastrophen [während der Wendezeit] wird sich kein spiritueller Mensch fürchten, denn erstens hängt er nicht am Leben wie ein Materialist und zweitens weiß er, dass er von der geistigen Welt so geführt wird, wie es seinem Karma und seiner Bewusstseinsentwicklung entspricht."[5]

Die Grundsätze der neuen Spiritualität

Ich lege mein Gesetz in sie hinein und schreibe sie auf ihr Herz ... sie
alle, klein und groß, werden mich erkennen ... Und alle werden
Schüler Gottes sein ...
Denn die Erde wird voll werden von Erkenntnis der Ehre des Herrn,
wie Wasser das Meer bedeckt.
Die Salbung, die ihr von ihm empfangen habt, bleibt in euch, und ihr
braucht euch von niemandem belehren zu lassen.

Jeremia 31, 33–34; Jesaja 54, 13; Habakuk 2, 14;
1. Johannes 2, 27; Johannes 6, 45

Wir können zu Beginn des 21. Jahrhunderts weltweit ein außergewöhnlich aktives Interesse an Esoterik und Spiritualität erkennen.
Diese Entwicklung findet, zum großen Unmut der etablierten Religionen und Kirchen, außerhalb ihrer Mauern statt. Während die
traditionellen Religionen die Inhalte der sogenannten „New-Age-
Bewegung" anfänglich als gefährliche Irrlehren zu bekämpfen und
auszutilgen versuchten, werden sie auf Dauer selbst dazu gezwungen,
die Gültigkeit ihrer Dogmen in Frage zu stellen sowie auch die tiefere
(esoterische) Bedeutung ihrer eigenen Lehren zu entdecken und zu
erforschen.

Die Spiritualität des neuen Zeitalters, auch wenn sie von ihren
Gegnern lediglich als eine oberflächliche Modeerscheinung bagatelli-
siert wird, kann nicht als eine „Bewegung" im herkömmlichen Sinne
betrachtet werden. Sie hat keine erkennbare Anfangszeit oder Aus-
gangsstätte, keine zentrale Führung oder Organisation und kann – als
unaufhaltbarer Evolutionssprung, der einem von der menschlichen
Natur untrennbaren Grundbedürfnis entspringt – nicht zum Schwei-
gen gebracht werden.

Während es in der Zeitenwende und unmittelbar danach ein besonders stark ausgeprägtes Bedürfnis seitens der (wegen ihrer Unwis-

senheit) leidenden Weltbevölkerung nach spiritueller Unterweisung geben wird, ist das letztendliche Ziel, eine Menschheit zu erziehen, die dazu fähig ist, ihre eigene Verbindung zu der Universellen Intelligenz herzustellen und aufrechtzuerhalten.

Selbstverantwortung ist hier das Schlüsselwort. Die Turbulenzen der Wendezeit und das Aufkommen der repressiven Weltregierung werden den Menschen nahebringen, in welchem Ausmaß sie sich durch ihre Ängste, ihre Oberflächlichkeit und ihren Mangel an Verantwortung ausbeuten und versklaven ließen.

Die Lektionen aus der Geschichte und die aufklärenden Tätigkeiten von spirituellen Lehrern werden im neuen Zeitalter die Erziehungshilfen für die noch unreife Menschheit sein. Letztendlich werden wir alle zu einem Volk heranwachsen, das dazu fähig und motiviert sein wird – wie die Engel und geistigen Helfer aus den Mythen und Sagen der Erde –, andere Völker im Kosmos in ihren Entwicklungsprozessen zu ermutigen und fürsorglich zu betreuen.

„... wie die Sterne in der Unendlichkeit"

Sobald die Wahrnehmung der Einheit aller Dinge das Bewusstsein einer jeden Seele durchdringt, kann die gleiche Transfiguration auf der spirituellen Ebene stattfinden, die wir auf der physischen Ebene bei der Bildung von Sternen beobachten können.

Anziehungskraft, das alles durchdringende „Verlangen" der Teilchen, sich miteinander und mit ihrer Quelle zu verbinden, zieht große Mengen von kosmischem Staub zu Formationen zusammen, um einzelne Körper zu bilden. Die zunehmende Nähe der Staubpartikel zueinander erhöht ihre individuellen energetischen Zustände, bis sie sich spontan entzünden – und ein Stern ist geboren.

Während die Menschen in der Realisierung ihrer Verbundenheit zueinander und zu ihrer Quelle mehr und mehr zusammenwachsen und während sich ihr individueller Wille mit dem „Zweck" des Universums zunehmend vereint, beginnen sich ihre energetischen Zustände zu erhöhen, bis die gesamte Menschheit schließlich in eine höhere Dimension des Seins aufsteigen kann – womit die Weissagung des Propheten Daniel erfüllt wird:

> *„Und die Verständigen werden leuchten wie des Himmels*
> *Glanz und die so viele zur Gerechtigkeit weisen, wie die Sterne*
> *in der Unendlichkeit."*
>
> Daniel 12, 3

Anmerkungen

Bei Zitaten aus englischsprachigen Quellen handelt es sich um eigene Übersetzungen des Autors.
Die angeführten Internetseiten sind auf www.Future-Watch.org/links zwischengespeichert.

Einführung

1 Kenneth Demarest ist ein Historiker, Schriftsteller und Forscher auf dem Gebiet der wissenschaftlichen und religiösen Symbolsysteme. Dieses Zitat ist aus seinem Essay "The Winged Power" erschienen in: Musès/ Young, *Consciousness and Reality: the human pivot point*, S. 343 f.

Kapitel 1: Die Grundlagen

1 Eddington, The Nature of the Physical World, S. 276–81
2 Einige Beipsiele: Fritjof Capra: *The Tao of Physics. An Exploration of the Parallels between Modern Physics and Eastern Mysticism*. Bantam, New York 1975, Gary Zukav: *The Dancing Wu Li Masters. An Overview of the New Physics*. Morrow, New York 1979
3 Chandrasekhar, *Newton's Principia for the Common Reader*, S. 23
[Die drei Gesetze der Bewegung wurden zuerst von Isaac Newton in seinem *Philosophiæ Naturalis Principia Mathematica* (Mathematische Prinzipien der Naturphilosophie) zusammengestellt und erstmals im Jahre 1687 veröffentlicht.]
4 *New Scientist Magazine* – Vol. 118, No. 1608, 14. Apr 1988, S. 63 f.
[Der Autor dieser New Scientist Buchrezension zitiert Capra, als er „... die sich unaufhörlichen wälzenden Kernpartikel" mit dem Tanz des Shiva vergleicht. In Anbetracht des hermetischen Grundsatzes „Wie im Kleinen, so im Großen", bezieht sich der Vergleich ebenso auf den pulsierenden Rhythmus des Universums.]
5 Sandford, *Molecules from Space and the Origin of Life,* S. 4
6 David Bohm, *Wholeness and the Implicate Order*
7 Alan Watts, *The Book: On the Taboo against Knowing Who You Are,* S. 17 f.
[Deutsch: *Die Illusion des Ich*]

Kapitel 2: Aufstiegsmythen von Zarathustra bis zu
den „Meistern der Weisheit"

1 Assmann, *Tod und Jenseits im Alten Ägypten*, S. 162–168
 Barta, *Studien zur altägyptischen Kultur*, S. 47
2 Witzel, "Zoroaster's language" und "Zoroaster's dialect" aus: *The Home of the Aryans*, S. 11
 Prods Oktor Skjaervo*, *An Introduction to Young Avestan*, aus der
 Einführung: "Old and Young Avestan"
 * [professor of Iranian studies at department of Near Eastern
 Languages and Civilizations in Harvard University]
3 Shabazi, "*Goštāsp*", Encyclopedia Iranica, vol. 11, S. 171–176
 Bahman Yasht, in Müller, *Sacred Books of the East*, S. 189–235
4 Andrei A. Orlov, (Marquette University, Milwaukee, WI):
 "Enoch as the Heavenly Priest",
 http://www.marquette.edu/maqom/enochpriest.html
 "Enoch as the Expert in Secrets",
 http://www.marquette.edu/maqom/enochsecrets.html
 "Enoch as the Scribe", http://www.marquette.edu/maqom/enochscribe.html
 "Enoch as the Mediator", http://www.marquette.edu/maqom/enochmediator.html
 Orlov, *The Enoch-Metatron Tradition*
 Andersen, *(Slavonic Apocalypse of) Enoch*, in: Charlesworth, *The Old Testament Pseudepigrapha*, S. 94
 Ethiopic and Slavonic Books of Enoch, Jewish Encyclopedia, 1906.
 http://www.jewishencyclopedia.com/articles/5773-enoch-books-of-ethiopic-and-slavonic
5 Abbott/Godbole, *Stories of Indian Saints*, S. 402
 Ashram, *Age of Bhārata War*, S. 167
 Datta, "Devraj to Jyoti", *The Encyclopaedia of Indian Literature*
6 A.W.H. Adkins*, „Greek Mythology". *Encyclopædia Britannica*. 2002
 http://www.britannica.com/EBchecked/topic/244670/Greek-mythology
 * [Professor für Griechisch, Philosophie, neutestamentliche und
 frühchristliche Literatur, University of Chicago
 Graves, *The Greek Myths*
 Graf, *Griechische Mythologie*

7 Jones, *Philostratus: the Life of Apollonius of Tyana*, S. 30–31

8 Doré, *Researches into Chinese Superstitions*, Band I, S. 2
   Pregadio, *The encyclopedia of Taoism, Volume 1*

9 Werner, *Myths & Legends of China*
   Yetts, The *Eight Immortals*, S. 773 f.
   http://www.public-domain-content.com/books/journals/jras/1916-21.shtml
   Li/Hu, "Stories and Myths Eight Immortals"
   https://archive.org/details/StoriesAndMythsOfEightImmortals

10 Seidel, "Perfect Ruler in Early Taoist Messianism: Lao-tzu and Li Hung",
   History of Religions Journal, Vol. 9, No. 2/3
   Bokenkamp, "Early Daoist Scriptures"

11 "Maitreya, in Buddhist tradition …" *Encyclopædia Britannica*, 2014
   http://www.britannica.com/EBchecked/topic/358868/Maitreya
   Nattier, „Buddhist Eschatology"
   Sponberg/Hardacre, *Maitreya, the Future Buddha*

12 „Entrückte Wesen"
   http://www.lds.org/scriptures/gs/translated-beings?lang=deu, offizielle
   Webseite der „Kirche Jesu Christi der Heiligen der Letzten Tage"
   Bitton/Alexander, *The A to Z of Mormonism*

13 Ali, *The Holy Qur-ān: English Translation & Commentary*, Chap. 17: 1, 60; 53: 13–18
   Maududi, Sayyid Abul Ala: "Isra and Miraj; The Miraculous Night Journey",
   http://lasjan.page.tl/Isra-and-Miraj.htm

14 Momen, *An introduction to Shi´i Islam: the history and doctrines of Twelver
   Shi´ism*, S. 75, 166–168
   Reza, *The essence of Islam*, S. 52–53

15 Cranston, *HPB: the extraordinary life and influence of Helena Blavatsky*
   Internet resource: *Blavatsky Study Center*: http://www.blavatskyarchives.com/
   Michael B. Wakoff, "Theosophy" in: Craig, *Routledge Encyclopedia of
   Philosophy*, pp. 363–366

16 Siehe: Zelikovics, *Zeitenwende*. Buch und DVD-Reihe

17 Blavatsky, *The Key to Theosophy*, S. 216
   Barker, "The Writing of the Mahatma Letters", http://www.theosociety.org/
   pasadena/mahatma/ml-pubno.htm
   Barker/Vicente, *The Mahatma Letters to A.P. Sinnett*

Kapitel 3: Die Aufgestiegenen Meister

1 Spielvogel/Redles. *Hitler's Racial Ideology: Content and Occult Sources*, http://motlc.wiesenthal.com
Goodrick-Clarke, *Die okkulten Wurzeln des Nationalsozialismus*
Bauer, *Nationalsozialismus. Ursprünge, Anfänge, Aufstieg und Fall*
Freund, *Braune Magie? Okkultismus, New Age und Nationalsozialismus*

2 Leadbeater, *The Masters and the Path*
Tillet, *Charles Webster Leadbeater: A Biographical Study*

3 Bailey, *A Treatise on Cosmic Fire*

4 Creme, *The Reappearance of the Christ and the Masters of Wisdom*

5 Prophet, *The Masters and Their Retreats*. (siehe: "Profiles of the Ascended Masters", S. 13–394. Mehr als 200 Aufgestiegenen Meister werden aufgelistet.)
Saint Germain Foundation, *The History of the "I AM" Activity and Saint Germain Foundation*

6 Van Vrekhem, *Beyond Man – The Life and Work of Sri Aurobindo and The Mother* Willers, *Die Aurobindo-Bewegung*

7 siehe Anmerkung 5 oben sowie:
Melton, John Gordon*, in: Encyclopedia Britannica: *I AM movement*
Guy Ballard, http://www.britannica.com/EBchecked/topic/280277/I-AM-movement#ref66356
* [Director, *Institute for the Study of American Religions*, Santa Barbara, California. Editor of *Encyclopedia of American Religions*, Gale Research Co., 1988]

8 McConkie, "Translated Beings", in *Encyclopedia of Mormonism*, S. 1485-86
Robert Coon, *Annalee Skarin – a short biography*, 2001
http://www.angelfire.com/in4/alchemy2084/skarin.html
Skarin, *Ye are gods*

9 Coleman, *The Sources of Madame Blavatsky's Writings*, [Erstveröffentlichung 1895] in: Solovyoff, *A Modern Priestess of Isis*, Appendix C, S. 353–366, http://www.blavatskyarchives.com/colemansources1895.htm
William Emmette Coleman, *Blavatsky Unveiled*, http://www.blavatskyarchives.com/colebunve.htm
[Broschüre von 15 Seiten, veröffentlicht in Bombay, Indien im Jahre 1892 mit dem Vermerk: „Zusammengestellt aus einer Artikelsammlung des W.E.

Coleman mit dem Titel 'Spiritualism and Wisdom Religion'"]

10 Goodrick-Clarke, *Helena Blavatsky*, S. 3

11 Blavatsky, *The Secret Doctrine I*, S. 384

12 Leadbeater, *The Inner Life I*, S. 114

Siehe auch: Leadbeater, *The Masters and the Path* ...

Der Theosophische Maitreya spielt eine prominente Rolle in der gesamten Arbeit. Einige für uns relevante Passagen: S. 4–5, 10, 31–32, 34, 36, 74; "Part IV: The Hierarchy" S. 211–301

13 Wie sie es mit praktisch allen großen religiösen, philosophischen und kulturellen Traditionen tat, schrieb die Theosophie vielen buddhistischen Konzepten zusätzliche okkulte oder esoterische Bedeutungen zu.

In der Theosophischen Spirituellen Hierarchie wird der Maitreya in die Ordnung der sogenannten *Meister der alten Weisheit* hoch gereiht, wo er auch das *Amt des Weltlehrers* derzeit innehat.

Nach theosophischen Autoren hatte er bereits eine Reihe von Manifestationen oder Inkarnationen auf der physischen Ebene und wurde zudem mit Christus identifiziert ... [Quelle: http://en.wikipedia.org/wiki/World_Teacher]

Siehe dazu: Besant/Leadbeater, *Man: How, Whence, and Whither; a record of clairvoyant investigation*. S. 339, 520

14 Creme, *Maitreya – Christus und die Meister der Weisheit*

Siehe auch *Share International* Website: http://www.share-international.org/ [Deutsch: http://www.shareinternational-de.org/]

Karen Stollznow*, "*The Belief with No Name*". Hervorragend recherchierter Artikel veröffentlicht 2010 auf der *Committee for Skeptical Inquiry* Website: http://www.csicop.org/specialarticles/show/the_belief_with_no_name/

* [Karen Stollznow: wissenschaftliche Mitarbeiterin an der Universität von Kalifornien, Berkeley; Doktorat in Linguistik, Nebenfach Geschichte und Anthropologie]

Ing. Eduard Zieger, „*Expertise über Behauptungen und Aussagen von Benjamin Creme*", Wien, 2010.

http://future-watch.org/Deutsch/Maitreya/EduardZiegerExpertise.pdf

15 Zieger, „*Expertise* ...". (siehe oben)

[Auf der letzten Seite: Texte der erfundenen Kontrollgeschichten und Bestätigungen von *Share International*]

16 Dieses Thema wurde ausführlich behandelt auf der DVD: Zelikovics, *Vorzeichen der kommenden Weltregierung*, Teil II. „Die ideologischen Wurzeln der globalen Elite"
   Siehe auch: http://future-watch.org/Deutsch/VorzeichenDVD/index.htm
17 Vom Autor (TZ) in einem anderen Artikel ausführlich behandelt in: „Channeling: altes Werkzeug zur Selbstfindung oder metaphysische Zaubershow?" http://future-watch.org/Deutsch/Channeling
18 Siehe dazu auch den Dokumentarfilm: *„Das Turiner Grabtuch; die Echtheitsbeweise"* auf der beiliegenden DVD oder im Internet: http://future-watch.org/TurinerGrabtuch

Kapitel 4: Der Messias

1 2. Mose 20, 3; 34, 14; 5. Mose 5, 7; Apostelgeschichte 10, 34
2 Pfeiffer, *The Dead Sea Scrolls and the Bible*, S. 25
3 Siehe dazu Abhandlung in: Zelikovics, *Zeitenwende 2012*, Kapitel 10 „Die messianischen Prophezeiungen des Alten Testaments" S. 130–136
4 Die Serie wird als *„FutureWatch Perspectives"* neu verlegt.
   [Für eine ausführliche Beschreibung der Serie siehe „Weitere Werke des Autors" im vorliegenden Buch]
5 Michael Gleghorn, *Ancient Evidence for Jesus from non-Christian Sources*, Probe Ministries, 2001. www.probe.org/content/view/18/77/
   Schweitzer, *The Quest of the Historical Jesus*
   Bock, *Studying the historical Jesus: a guide to sources and methods*

Kapitel 5: Das Turiner Grabtuch

1 P.E. Damon, D.J. Donahue and al.: "Radiocarbon Dating of the Shroud of Turin", *Nature*, 337: 611–615 (1989). Available at www.shroud.com/nature.htm
   Sue Benford, Joseph Marino, "Discrepancies in the radiocarbon dating area of the Turin shroud", *Chemistry Today*, vol. 26 n4 / July–August 2008, S. 4–12
   Bulst, *Betrug am Turiner Grabtuch: der manipulierte Carbontest*
2 Raymond N. Rogers, "Studies on the Radiocarbon Sample from the Shroud of Turin", *Thermochimica Acta*, Vol. 425, 2005, S. 189–194
3 zitiert in: Sue Benford, Joseph Marino, "Discrepancies in the radiocarbon dating area of the Turin shroud", *Chemistry Today*, vol. 26 n4 / July–August

2008, S. 4–12, Siehe auch: Zugibe, *The Crucifixion of Jesus: a forensic inquiry*, S. 324 , *Beta Analytic* Radiokohlenstoff Datierungslabor Webseite: http://www.radiocarbon.com/deutsch/kohlenstoff-datierung-labor.htm

4 Weaver, "Science Seeks to Solve the Mystery of the Shroud"

5 Iannone, *The Mystery of the shroud of Turin*, "Tracing the Historical Journey", S. 97 f. Humber, *The Fifth Gospel; The Miracle of the Holy Shroud*, Kap. 5, "The Holy Image of Edessa", S. 71 f.

6 Barbet, *The five Wounds of Christ*
Barbet, *A Doctor at Calvary: the Passion of our Lord Jesus Christ as described by a surgeon.*
Frederick T. Zugibe*, "Pierre Barbet Revisited", *Sindon N. S.*, Quad. No. 8, Dezember 1995, http://www.shroud.com/zugibe.htm
*Frederick T. Zugibe, MD, Ph.D., (1928–2013) war einer der prominentesten Forensik-Experten der USA, für seine Forschungen und Bücher über Gerichtsmedizin sowie für seine Studien über die Kreuzigung und das Grabtuch von Turin bekannt.
Er war 1969–2002 der leitende medizinische Gutachter von *Rockland County*, New York, außerordentlicher Professor für Pathologie an der *Columbia University* Hochschule für Medizin und Chirurgie, Fellow des *College of American Pathologists*, Fellow der *American Academy of Forensic Sciences*, Abteilung für Kriminal-Pathologie, und ein Mitglied der *National Association of Medical Examiners.*
Zahlreiche Veröffentlichungen über die Forensik des Turiner Grabtuchs: http://www.e-forensicmedicine.net/ShroudBibliog.htm
Siehe auch: Zugibe, *The crucifixion of Jesus; a forensic inquiry*

7 Whanger/Baruch/Danin: *Flora of the Shroud of Turin*
Uri Baruch; Avinoam Danin, "Floristic Indicators for the Origin of the Shroud of Turin" Paper presented at the 3rd International Congress on the Shroud of Turin, Turin, Italy, 6 June 1998, Danin, *Origin of the Shroud of Turin from the Near East; as evidenced by plant images and Pollen grains*

8 John C. Iannone, "Interview mit Dr. Alan Whanger und Dr. Avinoam Danin", 1999. http://www.shroud.com/iannone.pdf

9 Guscin, *The History of the Sudarium of Oviedo*
Iannone, *The Three Cloths of Christ*, S. 173 f.

10 Gilbert Raes, "Rapport d'Analise; La Santa Sindone". *Rivista Diocesana Torinese*, Turin 1976. S. 79–83
Johns, *Assyrian Deeds and Documents,* Band II., S. 200–205,
http://www.archive.org/details/assyriandeedsdoc02john
Uffhofen, *The Mysteries of the Shroud*, S. 9
Mickwitz, *Welt- und Kirchengeschichte in der Bibel*, S. 447
11 Jackson, J.P.; E.J. Jumper; W.R. Ercoline: "Correlation of Image Intensity on the Turin Shroud with the 3-D Structure of a Human Body Shape," *Applied Optics*, Vol. 23,
No. 14, 1984, S. 2244–2270
12 Baumann, Hans D.: „Graue Eminenz", in: *MACup* 9/1994
13 Zitiert in: Weaver, „Science Seeks to Solve the Mystery of the Shroud"
Siehe auch: Nickell, *Relics of the Christ*, S. 143
14 Bulst, *Das Grabtuch von Turin: Zugang zum historischen Jesus?*
Bulst/Pfeiffer, *Das Turiner Grabtuch und das Christusbild*
15 1. Korinther, Kap. 15, 21–23.40.42.43.51–52

Kapitel 6: Die messianischen Prophezeiungen des Alten Testaments

1 Die Hauptquellen hierfür sind:
Die Bibel, Altes und Neues Testament. (Einheitsübersetzung). Katholische Bibelanstalt, Stuttgart 1980;
Heilige Schrift des Alten und Neuen Testaments (nach der deutschen Übersetzung Martin Luthers). Württembergische Bibelanstalt, Stuttgart 1963;
Die Bibel (nach der Übersetzung Martin Luthers). Deutsche Bibelgesellschaft, Stuttgart 1985;
Hertz, Dr. J. H.; Cohen, Dr. A. (Hrsg.), *Soncino Books of the Bible.* Soncino Press, London 1960 (hebräischer Text, Übersetzung und Kommentare in englischer Sprache);
The Holy Scriptures. Koren Publishers, Jerusalem 1977 (masoretischer Text);
The Greek New Testament. United Bible Societies, London 1975;
Bibelquelle in div. Sprachen: Gesellschaft für die Verbreitung hebräischer Schriften, http://www.sdhs.co.uk/index.php/pdf-scriptures/

Kapitel 7: Die Verwandlung

1 Beckman, G.: Pantheon A. II. „Bei den Hethitern". in: Edzard, *Reallexikon der Assyriologie und Vorderasiatischen Archäologie*
Redford, *Egypt, Canaan and Israel in Ancient Times*, S. 270.
Goetze, Albrecht, *Ancient Near East Texts Relating to the Old Testament*, S. 99-100

2 Origenes, *Acht Bücher gegen Celsus*, VI. Buch S. 49
im Internet: [http://www.unifr.ch/bkv/kapitel143-48.htm] Bibliothek der Kirchenväter, Universität Fribourg, Schweiz

3 Siehe: http://de.wiktionary.org/wiki/Sund

4 Johannes Paul II., *Generalaudienz*, Mittwoch, 28. Juli 1999,
http://www.vatican.va/holy_father/john_paul_ii/audiences/1999/documents/hf_jp-ii_aud_28071999_ge.html

5 Richard Bauckham*, "Universalism: a historical survey", *Themelios* 4.2 (September 1978): p. 47–54
* [Professor of New Testament Studies, University of St. Andrews, Scotland]

6 Ludlow, *Universal Salvation: eschatology in the thought of Gregory of Nyssa and Karl Rahner*. S. 1–2

7 Eric Stetson, "The History of Universalism", The Christian Universalist Association
http://www.christianuniversalist.org/resources/articles/history-of-universalism/
Stetson, *Christian Universalism*
Schmithals, *The Theology of the first Christians*, S. 85–88

Kapitel 8: Morphische Resonanz & das Christusmysterium

1 Sheldrake/McKenna/Abraham, *Denken am Rande des Undenkbaren*, S. 15

2 Seine neuste Bücher:
Das Gedächtnis der Natur: Das Geheimnis der Entstehung der Formen, 2011
Der Wissenschaftswahn: Warum der Materialismus ausgedient hat, 2012

3 Sheldrake, *Der Siebte Sinn der Tiere*, S. 354 f.

4 ebenda, S. 360 f.

5 ebenda, S. 371 f.

Kapitel 9: Der Neue Mensch

1 Lamarck, *Hydrogéologie*, S. 61
   Lamarck, *Philosophie Zoologique*, Vol. 1, S. 113
2 *Epigenetics; Understanding Histone & DNA Modifications*, New England
   Biolabs, Ipswich, 2010.
   https://www.neb.com/~/media/NebUs/Files/Brochures/Epigenetics.pdf
   Spector, *Identically Different: Why You Can Change Your Genes*
3 Siehe Artikel im Internet: http://future-watch.org/Deutsch/Morphogenetik
4 Keyes, *The hundredth Monkey*
   [Deutsch: *Der hundertste Affe; Das Plädoyer gegen den Atomwahn*]
5 Sheldrake, *Das schöpferische Universum; die Theorie der morphogenetischen
   Felder und der morphischen Resonanz*, S. 252 f., 310 f.
   Siehe auch: Rupert Sheldrake, *Morphic Resonance; The Nature of Formative
   Causation* (Revised and Expanded Edition of „*A New Science of Life*"),
   Chapter 11: "Rat learning and morphic resonance", http://www.sheldrake.
   org/about-rupert-sheldrake/blog/rat-learning-and-morphic-resonance
6 Steiner, *Die Offenbarungen des Karma*, S. 192
   Rudolf Steiner, „Materie als kondensiertes Licht",
   http://anthrowiki.at/Licht#Materie_als_kondensiertes_Licht
   Michael Muschalle, „Kausalität des Denkens", Studien zur Anthroposophie
   http://www.studienzuranthroposophie.de/KausD.html
7 Werner/Stöckli, *Leben durch Lichtnahrung: der Erfahrungsbericht eines
   Wissenschaftlers*
8 P.A. Straubinger, *Am Anfang war das Licht*, http://www.amanfangwardaslicht.at

Kapitel 10: Die Zeitenwende

1 *The Readings of Edgar Cayce*, Reading 5750–1 (Die *Readings* gibt es für ARE-
   Mitglieder online unter: www.edgarcayce.org)
2 Argüelles, *Der Maya-Faktor*, S. 78
3 Kisari Mohan Ganguli, tr., *The Mahabharata*, Book 3: Vana Parva:
   Markandeya-Samasya Parva: Section CLXXXIX.
   http://www.sacred-texts.com/hin/m03/m03189.htm
   Sri Yukteswar, *The Holy Science*
   Yogananda, *Autobiography of a Yogi*

4 Zelikovics, *Zeitenwende 2012*, Kapitel 2 „Der Kalender und die
   Prophezeiungen der Maya" S. 31 f., Kurzfassung im Internet: „Das Jahr 2012
   und die Zeitrechnung der Maya"
   http://future-watch.org/Deutsch/Zeitenwende/Auszuege/DasJahr2012/index.htm

5 Siehe Beschreibung der Reihe im vorliegenden Buch:
   „Weitere Veröffentlichungen des Autors"

Kapitel 11: Das „Goldene Zeitalter"

1 Kisari Mohan Ganguli, tr., *The Mahabharata*, Book 3: Vana Parva, Tirtha-
   yatra Parva, SECTION CXLVIII, http://www.sacred-texts.com/hin/m03/
   m03148.htm

2 Dominique-Sila Khan, *The Kalki Purana*; "The Coming of Nikalank Avatar"
   http://www.ismaili.net/Source/nikakalki.html
   Khan, "The Coming of Nikalank Avatar: A Messianic Theme in Some
   Sectarian Traditions of North Western India", *Journal of Indian Philosophy* 25:
   401–426
   Urdhvaga Das, *Yoga Philosophy – The Philosophy of Understanding the
   Supreme*, "Appearance of Kalki Avatar". http://www.yoga-philosophy.com/
   eng/kalki/kalki.htm
   Bibhu Dev Misra, "Unraveling the Yuga Cycle Timeline",
   http://www.grahamhancock.com/forum/DMisraB6.php

3 Biblische Beschreibungen der Wiederkunft Christi: *Offenbarung* 19, 11–14;
   Lukas 21, 25-28; *Matthäus* 24, 26-31; *Markus* 13, 24-27

4 Friedhelm Wegner, *Bewusster Denken* Nr. 42, Januar 1995, Informationsblatt
   des „Komitees zur Überwindung der materialistischen Weltanschauung",
   Dortmund

5 ebd.

Bildnachweise

Wo nicht anders vermerkt, sind alle verwendeten Bilder in der Public Domain. Sie stammen aus dem Archiv des Wikipedia Creative Commons oder anderen Public-Domain-Quellen.
Manche Bilder stammen aus sekundären Quellen, die Originalquellen ließen sich nicht nachvollziehen. Fehlende und fehlerhafte Bildnachweise werden in Folgeauflagen gern korrigiert.

Kap. 1: Shiva as the Lord of Dance. *Nataraja* from Tamil Nadu, India. Chola Dynasty ca. 950, Los Angeles County Museum of Art • Photo of David Bohm (published by "Dr. David Bohm Dialogues") www.david-bohm.net • Alan Watts, Early 1970s Canvas Print / Canvas Art - Artist Everett http://www.amazon.com/Watts-Early-1970s-Canvas-Art/dp/B00B57C2SK • Krishna Mediating between the Pandavas and Kauravas. From an illustrated manuscript of the Razmnama (Mahabharata), Northern India, Mughal period, ca. 1600, Museum of Fine Arts Boston • **Kap. 2:** Heracles entering Olympus, with Hermes, Apollo & Artemis. Greek vase, ca 500 BC, Antikensammlung Berlin • Gravur Darstellung Apollonius von Tyana. Kupferstich aus der Archiv des Diözesan- und Landesbibliothek Skara, Schweden • Sitzende Guanyin, China Ming Dynastie (spät 14.–15. Jh), trockene Lack-Skulptur, Walters Art Museum, Baltimore USA • Eight Immortals Crossing the Sea. From Werner, E. T. C. (1922) Myths & Legends of China, (Project Gutenberg eText 15250) • Mariä Tod und Himmelfahrt, Gemälde von Fra Angelico Beato, ca.1432, Isabella Stewart Gardner Museum, Boston • The Prophet Muhammad riding the Buraq steed. 18th century, Lucknow India, Art Gallery of South Australia, Adelaide • **Kap. 3:** Mark und Elizabeth Prophet. Summit Publications, http://www.chicagospiritualseekers.org/spiritual-teachers.html • Foto von Edgar Cayce. von der Edgar Cayce Foundation, Virginia Beach • **Kap. 4:** Die Fotos von Qumran sind entnommen aus Charles F. Pfeiffer, *The Dead Sea Scrolls and the Bible*; oben: S. 14; unten: S. 113 • **Kap. 5:** S. 86, Turiner Grabtuch; Foto oben: Barrie Schwartz; Abbildung in der Mitte: *National Geographic Magazine*; Abbildung unten: Thomas Humber, *The Fifth Gospel*, Bildtafeln 12–13 • S. 87, Turiner Grabtuch, entnommen aus Thomas Humber, *The Fifth Gospel*, Bildtafel 10 • S. 88, Turiner Grabtuch; Fotos links und rechts: *National Geographic Magazine*; Grafik in der Mitte entnommen aus Thomas Humber, *The Fifth Gospel*, Bildtafel 15 • S. 95, Turiner Grabtuch, entnommen aus der Zeitschrift *MACup* (Kap. 5, Anm. 12) • S. 80, Grablegung Christi. Detail aus der Miniatur von Giovanni Battista della Rovere, ca. 1625, Museum des Heiligen Grabtuchs, Turin • S. 82, König Abgar V. mit dem Mandylion von Edessa. Ikone aus dem 10. Jh., St. Katharinen-Kloster, Mount Sinai, Ägypten • „Übergabe des Heiligen Mandylion von den Einwohnern Edessas an die Byzantiner 944 n. Chr.", 13. Jahrhundert, Künstler unbekannt. Quelle: Chronographie des Johann Skylitzes, Spanische Nationalbibliothek, Madrid • „Die Plünderung von Konstantinopel 1204", Palma Le Jeune (1544–1620), Quelle: Lebédel, Claude: Les croisades, origines et consequences, Ouest-France 2006 • **Kap. 7:** Relief of the Goddess Kybele (Cybele), Phrygien ca. 7 Jh. v. Chr., Museum für anatolische Zivilisationen, Ankara, Turkei • The Sacrifices of Abel and Melchizedech. 6th century Mosaic, Church of San Vitale, Ravenna, Italy • **Kap. 9:** Portrait de Jean-Baptiste Lamarck. Illustration aus: *Galerie des Naturalistes*, Jules Pizzetta, 1893 • Therese Neumann Illustration aus: *Autobiography of a Yogi* von Paramhansa Yogananda • Niklaus von Flüe, Römisch-katholische Heilige, von einem Altar früher in der Pfarrkirche, heute im Museum „Bruder Klaus", Sachseln, Schweiz • **Kap. 11:** Kalki Avatar slaying demons. Fridolin Froehlich, http://fridolinfroehlich.deviantart.com/art/Kalki-Avatar-slaying-demons-209545045

Verzeichnis der Quellen und der weiterführenden Literatur

Abbott, Justin E.; Godbole, Rohini: *Stories of Indian Saints.* Motilal Banarsidass Publ., Delhi 1988

Ali, Abdullah Yusuf: *The Holy Qur-an: English Translation & Commentary.* Kashmiri Bazar, Lahore 1934

Allegro, John: *The Dead Sea Scrolls.* Pelican Books, Gretna/Louisiana 1956

Andersen, F.I.: *(Slavonic Apocalypse of) Enoch; a new Translation and Introduction.* Doubleday, Garden City, NY 1983

Argüelles, José: *Der Maya-Faktor; Ein Pfad über die Technologie hinaus.* Pan Verlag, Gössenheim 2001

Ashram, Vidur Sewa: *Age of Bharata War.* Motilal Banarsidass Publishers, Delhi 1979

Assmann, Jan: *Tod und Jenseits im Alten Ägypten.* Beck, München 2003

Bailey, Alice: *A Treatise on Cosmic Fire.* New York: Lucis Pub. Co.; London: Lucis Press, 1999. [erste Veröffentlichung 1925]

Barbet, Pierre: *The five wounds of Christ.* Clonmore & Reynolds, Dublin 1952

Barbet, Pierre: A *doctor at Calvary; the Passion of our Lord Jesus Christ as described by a Surgeon.* Doubleday, Garden City, N.Y. 1963

Barker, A. Trevor: "The Writing of the Mahatma Letters". *The English Theosophical Forum*, London, January 1938

Barker, A. Trevor; Vicente, Hao Chin Jr., eds.: *The Mahatma Letters to A.P. Sinnett from the Mahatmas M. and K. H. in Chronological Sequence.* Theosophical Publishing House, Adyar 1998.

Barta, Winfried: *Studien zur altägyptischen Kultur.* Buske, Hamburg 1980

Bauer, Kurt: *Nationalsozialismus. Ursprünge, Anfänge, Aufstieg und Fall.* Böhlau, Wien 2008

Berendzen, Richard (Hrsg.): "Life beyond Earth and the Mind of Man". NASA Document SP-328, 1973

Besant, Annie; Leadbeater, Charles W.: *Man: How, Whence, and Whither; a record of clairvoyant investigation.* Theosophical Publishing House, Adyar, India 1913

Bitton, Davis; Alexander, Thomas G.: *The A to Z of Mormonism.* Scarecrow Press, Lanham, Md. 2009

Blavatsky, Helena Petrovna: *The Key to Theosophy; an Exposition of the Ethics, Science, and Philosophy.* Theosophical Pub. Co., London; New York: 2007 [erste Veröffentlichung 1889]

Blavatsky, Helena Petrovna: *The Secret Doctrine.* Quest Books, Wheaton, Ill., U.S.A. 1993. (Erstveröffentlichung 1888)

Bock, Darrell L.: *Studying the historical Jesus; a guide to sources and methods.* Baker Academic, Grand Rapids, 2002

Bohm, David: *Wholeness and the Implicate Order.* Routledge & Kegan Paul, London 1981

Bokenkamp, Stephen: *Early Daoist Scriptures.* Univ. of California Press, Berkeley 1999

Bulst, Werner: *Betrug am Turiner Grabtuch: der manipulierte Carbontest.* Verlag J. Knecht, Frankfurt am Main 1990

Bulst, Werner: *Das Grabtuch von Turin; Zugang zum historischen Jesus? der neue Stand d. Forschung.* Badenia-Verlag, Karlsruhe 1978

Bulst, Werner; Pfeiffer, Heinrich: *Das Turiner Grabtuch und das Christusbild.* J. Knecht, Frankfurt am Main 1987

Capra, Fritjof: *The Tao of Physics; an Exploration of the Parallels between Modern Physics and Eastern Mysticism.* Bantam, New York 1975

Chandrasekhar, Subrahmanyan: *Newton's Principia for the Common Reader.* Clarendon Press; Oxford/New York: Oxford University Press, 2003, ©1995

Charlesworth, James H. ed.: *The Old Testament Pseudepigrapha / Vol. 1, Apocalyptic literature and testaments.* Doubleday, Garden City, NY 1983

Coleman, William Emmette: *The Sources of Madame Blavatsky's Writings.* Erstveröffentlichung in: Solovyoff, *A Modern Priestess of Isis*

Craig, Edward: *Routledge Encyclopedia of Philosophy.* Routledge, New York 1998

Cranston, S. L.: *HPB: the extraordinary life and influence of Helena Blavatsky, founder of the modern Theosophical movement.* Putnam, New York 1994

Creme, Benjamin: *The Reappearance of the Christ and the Masters of Wisdom.* Share International Foundation, Amsterdam; London, 2007

Creme, Benjamin: *Maitreya; Christus und die Meister der Weisheit.* Edition Tetraeder, München, 1997

Danin, Avinoam: *Origin of the Shroud of Turin from the Near East; as evidenced by plant images and Pollen grains.* Hebrew University of Jerusalem, Israel 1998

Datta, Amaresh: *The Encyclopaedia of Indian Literature.* Sahitya Akademi, N. Delhi 2005

Doré, Henry; Kennelly, M. (tr.): *Researches into Chinese Superstitions.* Tusewei Press, Shanghai 1914

Eddington, Sir Arthur Stanley: *The Nature of the Physical World; Gifford lectures (1927).* Cambridge University Press, 2012

Edzard, D.O. et al. (Hrsg.): *Reallexikon der Assyriologie und Vorderasiatischen Archäologie.* W. de Gruyter, Munich 2010

Einstein, Albert; Infeld, Leopold: *Die Evolution der Physik.* Anaconda Verlag, Köln 2007

Ferguson, Marilyn: *Die Sanfte Verschwörung; Persönliche und Gesellschaftliche Transformation im Zeitalter des Wassermanns.* Sphinx Verlag, Basel 1992

Freund, Rene: *Braune Magie? Okkultismus, New Age & Nationalsozialismus*. Picus 1995

Ganguli, Kisari Mohan tr.: *The Mahabharata of Krishna-Dwaipayana Vyasa*. Munshiram Manoharlal Publishers, New Delhi 2008

Gauquelin, Michel: *The Cosmic Clocks*. Avon Books, New York 1969

Gesenius, Wilhelm: *Hebräisches und aramäisches Handwörterbuch über das Alte Testament*. Springer Verlag, Berlin 1962

Goetze, Albrecht: "Hittite Myths, Epics, and Legends", *Ancient Near East Texts Relating to the Old Testament*, ed. James Pritchard, Princeton University Press, Princeton 1955

Goodrick-Clarke, Nicholas: *Die okkulten Wurzeln des Nationalsozialismus*. Stocker, Graz; Stuttgart 1997

Goodrick-Clarke, Nicholas: *Helena Blavatsky; Western Esoteric Masters Series*. North Atlantic Books, Berkeley, Calif. 2004

Graf, Fritz: *Griechische Mythologie; eine Einführung*. Artemis & Winkler, München 1985

Graves, Robert: *The Greek Myths*. Penguin, London 1955

Guscin, Mark: *The History of the Sudarium of Oviedo*. Edwin Mellen, Lewiston, N.Y. 2005

Hays, H. R.: *In the Beginning; Early Man and His Gods*. Putnam, New York 1963

Hübsch, Hadayatullah: *Prophezeiungen des Islam*. Droemer Knaur Knaur, München 1993

Hügel, Friedrich Freiherr von: *The Mystical Element of Religion*. Dent, London 1908

Humber, Thomas: *The Fifth Gospel; the Miracle of the Holy Shroud*. Simon & Schuster, New York 1974

Iannone, John C.: *The Mystery of the shroud of Turin; New Scientific Evidence*. Alba House, New York 1998

Iannone, John C.: *The Three Cloths of Christ; the Emerging Treasures of Christianity*. NorthStar Production Studios, Kissimmee, Fla. 2009

Johns, C. H. W.: *Assyrian Deeds and Documents Recording the Transfer of Property; Collected by The Rev. C. H. W. Johns M.A., Lecturer in Assyriology, Queens' College, Cambridge*. George Bell & Sons, London 1901

Jones, Christopher P.: *Philostratus; the Life of Apollonius of Tyana*. Harvard University Press, Boston 2005

Jung, C. G.: *The Interpretation of Nature and the Psyche*. Routledge & Kegan Paul Ltd., London 1955

Keil, C. F.; Delitzsch, F.: *Biblical Commentary on the Old Testament*.   Eerdmans Publ., 1949

Keyes, Ken: *The hundredth Monkey*. Vision Books, St. Mary, KY 1981

Keyes, Ken: *Der hundertste Affe; Das Plädoyer gegen den Atomwahn*. Verlag Huebner Felicitas, Waldeck-Dehringhausen 1983

Khan, Dominique-Sila: "The Coming of Nikalank Avatar; a Messianic Theme in Some Sectarian Traditions of North Western India". *Journal of Indian Philosophy* 25: 401–426. Kluwer Academic Publishers, Dordrecht NL 1997

Lamarck, Jean-Baptiste; trans. Carozzi, A. V.: *Hydrogéologie.* University of Illinois Press, Urbana 1964 (Erstveröffentlichung 1802)

Lamarck, Jean-Baptiste; trans. Elliot, Hugh (1914): *Philosophie Zoologique.* University of Chicago Press, Chicago, 1984 (Erstveröffentlichung 1809)

Lamsa G. M.: *The Holy Bible from Ancient Eastern Manuscripts.* A. J. Holman, Phila. 1933

Leadbeater, Charles W.: *The Inner Life.* Theosophical Publ. House, Wheaton, Ill.: 1967 [Erstveröffentlichung 1910]

Leadbeater, Charles W.: *The Masters and the Path.* Theosophical Press, Chicago/ Adyar, India: 1925

Lederman, Leon: *The God Particle; If the Universe Is the Answer, What Is the Question?* New York: Delta, 1994

Li, Yanjia; Hu, Nathaniel: *Stories and Myths of the Eight Immortals; Translated from various Chinese materials.* Golden Pineapple Books, 1995

Ludlow, Daniel H. (ed.): *Encyclopedia of Mormonism.* Macmillan Publishing, NY 1992

Ludlow, Morwenna: *Universal Salvation; eschatology in the thought of Gregory of Nyssa and Karl Rahner.* Oxford University Press, London 2000

Lyttleton, Edith.: *Our Superconscious Mind.* London: Philip Allan, 1931

Malinowski, Bronislaw: *Magic, Science and Religion.* Doubleday Anchor, 1948

Mayer, Reinhold (Hrsg.): *Der Talmud.* Orbis Verlag, München 2000

McConkie, Mark L.: "Translated Beings". in Ludlow, *Encyclopedia of Mormonism.* Macmillan, New York 1992

Mickwitz, Karl von: *Welt- und Kirchengeschichte in der Bibel, mit besonderer Beziehung auf die Gegenwart; Betrachtungen und Studien.* Hoffmann, Berlin 1908

Momen, Moojan: *An introduction to Shi'i Islam; the history and doctrines of Twelver Shi'ism.* Yale University Press, New Haven 1985

Müller, Max, ed.; West, E. W., trans.: *Sacred Books of the East.* Oxford University Press, London 1897

Musès, Charles; Young, Arthur M. editors: *Consciousness and Reality; the human pivot point.* Outerbridge & Lazard, New York 1972

Nattier, Jan: "Buddhist Eschatology"; in *The Oxford Handbook of Eschatology.* Oxford University Press, London 2007

Neumann, John van: *The Computer and the Brain.* Yale University Press, New Haven 1958

Nickell, Joseph: *Relics of the Christ.* University Press of Kentucky, Lexington 2007

Origenes; Koetschau, Paul (Üb.): *Acht Bücher gegen Celsus.* Bibliothek der Kirchenväter, 1. Reihe, Band 52 und 53: J. Kösel, Kempten & München 1926

Orlov, Andrei A.: *The Enoch-Metatron Tradition (Texts & Studies in Ancient Judaism)*. Mohr-Siebeck, Tuebingen 2005

Pfeiffer, Charles F.: *The Dead Sea Scrolls and the Bible*. Baker House, Grand Rapids 1969

Powell Davies, Arthur: *Der Fund von Qumran; Die Schriftrollen vom Toten Meer und die Bibel*. Brockhaus, 1958

Pregadio, Fabrizio: *The Encyclopedia of Taoism*. Psychology Press, Princeton, NJ 2008

Price, Randall: *Secrets of the Dead Sea Scrolls*. Harvest House Publishers, Eugene 1996

Prophet, Elizabeth Clare; Prophet, Mark (Annice Booth, Hrsg): *The Masters and Their Retreats*. Summit University Press, Corwin Springs, Montana: 2003

Redford, Donald B.: *Egypt, Canaan, and Israel in Ancient Times*. Princeton University Press, Princeton, NJ 1992

Reza, Saiyed Jafar: *The Essence of Islam*. Concept Publ. Co., New Delhi 2012

Rhine, J. B.: *The Reach of the Mind*. Pelican Books, London 1954

Sandford, Scott A.; Bernstein Max P.; Allamandola, Louis J.: *Molecules from Space & the Origin of Life*. NASA Tech. Docs, NASA-Ames Research Ctr, Moffett Field, CA 1999

Saint Germain Foundation.: *The History of the "I AM" Activity and Saint Germain Foundation*. Saint Germain Press, Schaumburg, Ill.: 2003

Schmithals, Walter: *The Theology of the first Christians*. Westminster John Knox Press, Louisville, KY 1997

Schonfield, Hugh: *Secrets of the Dead Sea Scrolls*. Thomas Yaseloff, Inc., New York 1957

Schweitzer, Albert: *The Quest of the Historical Jesus*. Macmillan, New York 1968 [Erstveröffentlichung 1906]

Seidel, Anna K.: "Perfect Ruler in Early Taoist Messianism; Lao-tzu and Li Hung." *History of Religions Journal*, University of Chicago Press 1969–70

Shabazi, A. Shapur: "Goštasp"; in *Encyclopedia Iranica*. University of California Press, Costa Mesa 2003

Sheldrake, Rupert: *Der Siebte Sinn der Tiere. Warum Ihre Katze weiß, wann Sie nach Hause kommen, & andere ungeklärte Fähigkeiten der Tiere*. Fischer Verlag, Frankfurt 2007

Sheldrake, Rupert: *Der Siebte Sinn des Menschen. Gedankenübertragung, Vorahnungen und andere unerklärliche Fähigkeiten*. Fischer Verlag, Frankfurt/M. 2006

Sheldrake, Rupert: *Das Gedächtnis der Natur; Das Geheimnis der Entstehung der Formen*. Scherz, Frankfurt am Main 2011

Sheldrake, Rupert: *Der Wissenschaftswahn; Warum der Materialismus ausgedient hat*. O.W. Barth, München 2012

Sheldrake, Rupert: *Das schöpferische Universum; die Theorie der morphogenetischen Felder und der morphischen Resonanz.* Nymphenburger, München 2008
Sheldrake, Rupert: *Morphic Resonance; the Nature of Formative Causation.* Park Street Press, Rochester, Vermont, USA 2009
Sheldrake, Rupert; McKenna, Terence; Abraham, Ralph: *Denken am Rande des Undenkbaren. Über Ordnung und Chaos, Physik und Metaphysik, Ego und Weltseele.* Piper Verlag, München 2004
Skarin, Annalee: *Ye are gods.* DeVorss Publications, Marina Del Rey, CA: 1979, ©1952
Skjaervo, Prods Oktor: *An Introduction to Young Avestan.* Harvard University Press, Boston 2003
Snow, Dr. Chet B.: *Zukunftsvisionen der Menschheit; Apokalypse oder spirituelles Erwachen – Wir haben die Wahl.* Ariston, Genf/München 1991
Solovyoff, Vsevolod Sergyeevich: *A Modern Priestess of Isis.* Longmans, Green, and Co., London 1895
Spector, Tim: *Identically Different; Why You Can Change your Genes.* Weidenfeld & Nicolson, London 2012
Spielvogel, Jackson; Redles, David: "Hitler's Racial Ideology: Content and Occult Sources". *Simon Wiesenthal Center Annual 3.* Chapter 9, Los Angeles 1986
Sponberg, Alan; Hardacre, Helen ed.: *Maitreya, the Future Buddha.* Cambridge University Press, 1988
Sri Yukteswar Giri, Jnanavatar Swami: *The Holy Science.* Yogoda Sat-Sanga Society of India, 1949
Stace, Walter T.: *The Teachings of the Mystics.* Mentor Books, New York 1960
Steiner, Rudolf: *Die Offenbarungen des Karma; ein Zyklus von elf Vorträgen gehalten in Hamburg zwischen dem 16. und 28. Mai 1910.* Rudolf-Steiner-Verlag, Dornach/Schweiz 1992
Stetson, Eric: *Christian Universalism.* Sparkling Bay Books, Sparkling Bay [USA] 2008
Straubinger, Peter Arthur: *Am Anfang war das Licht.* Allegro Film, Wien 2010
Tillet, Gregory J.: *Charles Webster Leadbeater 1854–1934: A Biographical Study.* Department of Religious Studies, University of Sydney 1986
Topper, Uwe: *Das letzte Buch. Die Bedeutung der Offenbarung des Johannes in unserer Zeit.* Hugendubel Verlag, München 1993
Tyrell, G. N. M.: *Science and Psychical Phenomena.* University Books, New York 1961
Uffhofen, Caspar von: *The Mysteries of the Shroud.* Assailly Editions, Paris 2013
Van Vrekhem, Georges: *Beyond Man; the Life and Work of Sri Aurobindo and The Mother.* Harper Collins, New Delhi 1999
Walliman, Silvia: *Die Umpolung vom Materiellen zum Geistigen.* Hermann Bauer Verlag, Freiburg 2002

Watts, Alan: *The Book; On the Taboo against Knowing Who You Are.* Vintage 1972

Watts, Alan: *Die Illusion des Ich.* Goldmann, München 2005

Weatherhead, Leslie: *The Resurrection of Christ in the Light of Modern Science and Psychical Research.* Hodder and Stoughton, London 1959

Weaver, Kenneth F.: "Science Seeks to Solve the Mystery of the Shroud". *National Geographic Magazine* 06/1980

Werner, E. T. C.: *Myths & Legends of China.* George G. Harrap & Co. Ltd., New York 1922

Werner, Michael; Stöckli, Thomas: *Leben durch Lichtnahrung; der Erfahrungsbericht eines Wissenschaftlers.* AT-Verlag, Baden; München 2005

Whanger, Alan D. + Mary; Baruch, Uri; Danin, Avinoam: *Flora of the Shroud of Turin.* Missouri Botanical Garden Press, St. Louis 1999

White, John (Hrsg.): *Frontiers of Consciousness.* Avon Books, New York 1975

Willers, Christiane: *Die Aurobindo-Bewegung. Bestandsaufnahme und Strukturen in feldtheoretischer Perspektive.* (Dissertation Univ. Tübingen 1987; Europäische Hochschulschriften 23/332) Lang, Frankfurt am Main 1988

Wilson, Ian: *The Shroud.* Bantam Press, London 2010

Wilson, Ian: *The Shroud of Turin; the burial cloth of Jesus Christ?* Doubleday, Garden City, N.Y. 1978

Witzel, Michael: *The Home of the Aryans.* Harvard University Press, Boston 1998

Yetts, W. Perceval: "The Eight Immortals". *Journal of the Royal Asiatic Society of Great Britain and Ireland*, London 1916

Zelikovics, Tibor: *Die kommende Zeitenwende und das Goldene Zeitalter; prophetische Visionen zur Gegenwart und Zukunft.* 2., erw. Aufl., Metaphysika Edition, Wien 2001

Zelikovics, Tibor: *Zeitenwende 2012; Globale Transformation, das Erwachen der Menschheit und der Beginn des Goldenen Zeitalters.* Hans-Nietsch-Verlag 2008

Zelikovics, Tibor: DVD: [Zeitenwende 2012]; *Geheimnisse der globalen Macht von Babylon bis Wall Street; die Architektur der Neuen Weltordnung.* Hans-Nietsch-Verlag, Freiburg 2009

Zelikovics, Tibor: DVD: [Zeitenwende 2012]; *Vorzeichen der kommenden Weltregierung; Obama, Echnaton und der Tempel Salomons.* Hans-Nietsch-Verlag, Freiburg 2010

Zelikovics, Tibor: DVD: [Zeitenwende 2012]; *Das Endspiel; der kontrollierte globale Zusammenbruch und die kommende Weltregierung.* Hans-Nietsch-Verlag, Emmendingen 2011

Zugibe, Frederick T.: *The Crucifixion of Jesus; a forensic inquiry.* M. Evans and Co., New York 2005

Zukav, Gary: The Dancing Wu Li Masters; an Overview of the New Physics. Morrow, New York 1979

Über den Autor ...

Tibor Zelikovics, Bestsellerautor, Filmemacher und Publizist, ist in Ungarn geboren und emigrierte als Kind mit seiner Familie in die USA. Er absolvierte die *Yeshiva Hebräische Akademie* in New Haven, Connecticut, und studierte Philosophie und Politikwissenschaften an der *University of California Los Angeles* und an der *U.C. Berkeley.*

Er kehrte anschließend nach Europa zurück, gründete den *Wiener Arbeitskreis für Metaphysik* und war auch Mitbegründer und langjähriger Präsident der *Schweizer Metaphysischen Gesellschaft.* Er rief zudem einer der beliebtesten einschlägigen Fachzeitschriften im deutschsprachigen Raum ins Leben (*Bewusst Sein*), für die er über 20 Jahren als Herausgeber und Chefredakteur tätig war.

Er ist auch Autor mehrerer Bücher und Dokumentarfilme sowie von Hunderten Buchrezensionen und Artikeln in zahlreichen metaphysischen Publikationen.

Kontakt:
E-Mail des Autors: T.Zelik@Future-Watch.org
Webseite: www.Future-Watch.org

Anfragen für Vorträge, Seminare und Filmvorführungsrechte, richten Sie bitte an obrige E-Mail Adresse.

Weitere Werke des Autors

Die kommende Zeitenwende und das Goldene Zeitalter;
prophetische Visionen zur Gegenwart und Zukunft.
Metaphysika Edition, Wien 2000; 2., erweiterte Auflage, 2001
    Zeitenwende 2012 – Buch und DVD-Reihe *,
    erschienen 2008–2011 bei Hans-Nietsch-Verlag,
    (Exemplare sind im Buchhandel noch erhältlich)

*   Die Reihe wird demnächst als *FutureWatch Perspectives*
    neu verlegt – mit folgenden individuellen Titeln:

Das Grundlagenbuch:
    Aufbruch ins Neue Zeitalter: Globale Transformation und
    das Erwachen der Menschheit; Ein prophetischer Wegweiser
    für die Neue Zeit

Doppel-DVD mit Aufzeichnung eines Multimedia-Seminars:
    Die Geheimnisse der globalen Macht von Babylon bis Wall Street;
    Die Architektur der Neuen Weltordnung

Langspiel-DVD mit Dokumentarfilm:
    Obama, Echnaton und der Tempel Salomons; Vorzeichen der
    kommenden Weltregierung
• Aufzeichnung eines Multimedia-Vortrags:
    Die ideologischen Wurzeln der globalen Elite

Langspiel-DVD mit Dokumentarfilm:
    Weltregierung! Die letzte Phase; Manipulierte politische Krisen und
    der globale Ausverkauf
• Aufzeichnung eines Multimedia-Vortrags:
    Rothschild, Goldman Sachs & Co.; Hochfinanz als
    strategische Waffe